仁者無敵・孟子

孟子名言的智慧

江佩珍、陳耔伶◎著

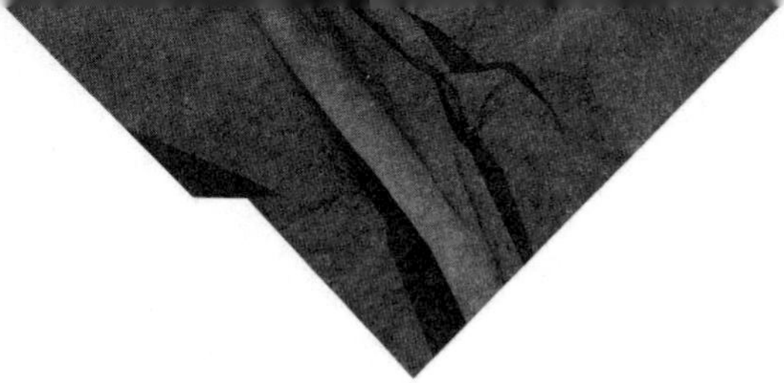

仁者無敵・孟子

contents

【序】

年輕的時候總覺得「四書五經」早就是些陳腐的老玩意，只是古代的教科書，內容當然是又無聊又沉悶。其中，對於「予豈好辯哉，予不得已也」的孟子，更常常帶著嘲弄的興味去加以批判。對於儒者如此嚴肅又沉重的生命型態，眞是我難以承受之重啊！

那時候，我著迷於飄逸輕盈的佛老境界，第一次讀到惠能的偈語：「菩提本無樹，明鏡亦非臺，本來無一物，何處惹塵埃。」這樣充滿了洞見的字句時，內心那「啊哈！」的聲音到現在還迴盪在腦中。

那就好像是一個長久在黑暗中摸索的人，在天空閃現的雷電映照下，對這色彩繽紛的世界有了驚艷的一瞥。然後，我告訴自己，什麼都不用去做，因爲我已具足了本然純淨的眞我，只要保持著自己原來的那顆「赤子之心」就夠了。

然而，在人生的道路上，不斷地烙印下顚簸狼狽的腳印後，我才認清了現階段的自己根本連神秀的境界：「身爲菩提樹，心爲明鏡臺，應時勤拂拭，勿使惹塵埃」都還望塵莫及呢！

那麼，身處在現代社會的我，要怎麼「拂拭」我的「明鏡臺」呢？這時孟子那抱守著內心的眞理，堅持理想知其不可爲而爲之的身影就清晰地浮現在我的腦海。我看見了一個事事「反求諸己」，不斷地在每個生命情境中持養正氣，用他的生命去踐行眞理的偉大靈魂。

也許在時空變異的今日，我們已不再背負著當日孟子所肩負的責任，但一個人對自我的期許始終都是必要的，也只有靠著不斷地反省察覺自身的樣貌，生命的向度才會開始往更寬廣更深遠的境界伸展。

◎關於《孟子》——

《孟子》這本書在科舉考試的時代，和《論語》、《大學》、《中庸》並稱爲「四書」，是當時考試的教科書，每個有志爲民服務的讀書人都一定要熟讀。而本書的作者孟子歷來被尊爲「亞聖」，與「至聖」孔子同爲儒家最崇高的精神領袖。

孟子（西元前三七二年至前二八九年），名軻，字子輿。孟子原本爲魯國公族孟孫氏的後代，後來遷居到鄒地（今山東鄒縣），所以《史記・孟荀列傳》說他是鄒人。孟子很小的時候就失去了父親，由母親一手扶養長大。在母親的教育下，孟子用功讀書，受教於孔子的孫子子思的再傳弟子。

孟子就在這樣的教育中，確立了他肯定人性的核心思想「性善論」，並且讓這個「善」推及到他的政治思想、人倫關係與教育理論上。

學成後，孟子以孔子的繼承者自許，爲了實現理想讓老百姓能過安定的太平日子，他開始招收弟子周遊列國來宣揚他「仁政」、「王道」的主張。這期間他到過齊、宋、魯、滕、梁等國，並且被梁惠王、齊宣王等君主召見。然而他的理想卻被認爲不切實際、不符合潮流而沒有得到重用。

晚年，孟子回到家鄉講學，並且和他的弟子萬章、公孫丑等人從事著書的工作，將自己的理想與抱負寫成了《孟子》七篇。篇目有：梁惠王、公孫丑、滕文公、離婁、萬章、告子以及盡心。每篇分成上、下兩篇，全書十四卷，將孟子的言論和事跡較完整地保存下來，使後人得以窺見孟子思想的大要。

卷一

教育與求學

老師不是魔術家，而是一個園丁。
他可以並且將扶育和培植你們，
但成長全靠你們自己

——凱斯特納（Erich Kastner）

必有事焉，而勿正，心勿忘，勿助長也。

〈公孫丑上〉

一定要努力培養它，而不要預期它的結果，心裡頭不要忘記它，但也不能違反規律去助長它。

宋國有個農夫擔心他的秧苗長太慢，於是自作聰明地把秧苗一棵棵拔高。當他完成了工作，氣喘吁吁地跑回家向家人炫耀：「今天我忙了一天，讓田地裡的秧苗都長高了！」他的兒子一聽，緊張地跑到田裡去，只看見田裡剛播種的秧苗全都枯死了。

這個「揠苗助長」的故事，讓孟子非常感嘆。天地間不幫助禾苗生長的人太少了，那些認爲培育工作徒勞無功、放棄努力的人，就好像是種田卻不除草的懶人；而那些把禾苗硬生生拔高的人，不但白費力氣沒有任何益處，反倒損害了秧苗。

教育就好比是種植農作物。農作物的生長有一定的時序，並不是人爲一味地助長就能夠讓作物長成。一株小秧苗一定要有足夠的成長時間，讓它能夠盡情地吸吮大地的養料，接受陽光的照拂，偶爾接受狂風暴雨的挑戰，更是堅韌其生命不可少的元素。在這段時間裡，培育它的農夫，除了幫它們拔去侵入田裡的雜草外，只能靜候時間的淬鍊了。

然而，現代人往往有種急功近利的心態，今天播下了種子，明天就想要收成。爲了達到這樣的目標，無所不用其極地想法子要將秧苗拔高。許多父母害怕讓孩子輸在起跑點上，所以學齡前就以學才藝爲由，讓稚齡小孩開始日復一日補習的惡夢。廢除聯考制度後，孩子們並沒有拾回青春該有的絢爛，反而在他們這段秧苗成長的時期，成爲整個教育思想僵化大環境的犧牲品，連原先興味大於評比的「繪畫」、「體育」等課程，也開始要補習加強了……。

…………

左拉：一個人已經很好的時候，還想更好，那就是一種錯誤。

…………

術不可不愼也。〈公孫丑上〉

從事什麼職業或學習手藝，不可不謹愼選擇。

製造用來攻擊的弓箭的人，難道比製造防衛的鎧甲的人還要殘忍嗎？一個造箭者怕所造的箭沒有殺傷力，而製造鎧甲的人卻怕箭會傷到人。爲人治病的醫生和製作壽材的木匠也是一樣，醫生就怕病人醫不好，而木匠就怕沒有人死去。一個人希望自己在社會中如何貢獻自己的力量，就要謹愼地學習選擇職業與手藝。而決定的動機，就要回頭去問自己內心眞正的渴望。

二十世紀最偉大的科學巨人亞伯特．愛因斯坦（Albert Einstein）一生致力於物理學研究，發表了改變整個物理學定律的重要理論。

由於愛因斯坦是猶太人，在第一次世界大戰後受到納粹黨的壓迫，只好辭去柏林大學的教職，移居到美國。第二次世界大戰末期，愛因斯坦擔心德國納粹政權可能籌劃製造原子彈，因此寫信給羅斯福總統，在美國秘密製造了原子彈。第二次世界大戰就以投在日本廣島和長崎的兩顆原子彈畫下了句點。

愛因斯坦在目睹二次大戰中因爲自己發明的原子彈造成的人間地獄後，感覺到內疚不安，無法得到心靈的平靜，因此他的後半生爲了維護世界和平不斷地奔走呼籲，希望原子能夠幫助人類生活的便利與科技，而不是用來毀滅全人類。

科技就好比是一把鋒利的刀劍，刀劍本身是一種中性的存在，它能夠被用來幫助人們便利生活，也可以被當成人類自相殘殺的武器。水能載舟亦能覆舟，事物往往有極端的兩個面向，就看用的人取捨的智慧了。

歌德：毫無節制的活動，無論屬於什麼性質，最後必將一敗塗地。

一齊人傅之，眾楚人咻之，雖日撻而求其齊也，不可得矣。〈滕文公下〉

一個齊國的老師教導他，但是許多楚國人卻在他身邊喧譁，即使是每天都打他、強迫他說齊國話，也很難辦得到。

孟母三遷的故事，是每個人耳熟能詳的故事。故事中，孟子的家從鄰近市場搬遷到墓地附近，最後選在學校旁邊長期定居。整個故事強調的就是孟母對孩子學習環境的重視，因為小孩子的可塑性強又擅長模仿，居家環境的潛移默化，可說是教育能否成功的關鍵因素。

我經常聽到現代的父母師長們抱怨小孩子難教，不受教。除了學科能力不斷地大幅下降外，學習態度也沒有二十年前，甚至十年前積極。抱怨著抱怨著，似乎教育已成為難以為繼的末代事業了。

我回想起幼年接受教育的過程，臺上的師長們也常抱怨我們是不知惜福的一群，當年的他們要如何努力、如何奮鬥才能夠有讀書上進的機會。然而，臺下的我們總覺得老師的話語刺耳又不濟，正值青春年少的我們，也有屬於自己的煩惱，也有眞實困擾著我們的情緒問題啊！後來才知道，一個世代的成長，都有一個世代的課題，從事教育工作者，如果不能將心比心，同情同理地對待自己的學生，而老是活在自己過去的求學背景裡，只會讓學生產生反感罷了。

如何利用現有條件營造一個讓學生可以專心向學的環境，吸引學生的注意，引導學生走向預期的學習目標，才是教育者最重要的挑戰。在這個資訊爆炸的時代，未來的世代將面對的是我們現在難以想像的世界，當務之急是想辦法傳承釣魚的方法，而不是強迫提供魚兒。

布魯姆：受過教育的人民容易領導，但不容易對其進行壓制；容易管理，但不可能對其進行奴役。

教者必以正，以正不行，繼之以怒；繼之以怒，則反夷矣。〈離婁上〉

從事教育的人一定要嚴正道理，嚴正道理不能收效時，接著很容易就會有憤怒產生，而教者的怒氣一旦產生了，反倒傷害了彼此的感情。

老師的工作除了知識技能的傳授外，最重要的是幫助學生順利地在社會上找到最適合的位置，在貢獻一己之能的同時，也能享受自我實現的滿足。在這樣的過程中，老師除了引導方向外，更重要的還有正向的示範作用。只是，教學畢竟有著預期的目標，更何況儒者的培養過程中，最重視的就是人格的導正。然而，學生的差異性何止是天高地低之遠，每個人的學習歷程都是獨特而難以比較的。

教學者如果不斷地以既有的目標去要求每個受教者，往往就會因爲責成心切而感到沮喪與挫折。一旦接受教導的學生或子女沒有達到預期目標，又不願聽從教誨時，教學者就容易因爲權威受到挑戰而產生憤怒的情緒。這時，如果教學者沒有警覺到自己的情緒，很容易就在憤怒的驅策下將怒氣發洩在相對弱勢的學生或子女身上，而造成情感的破裂。

桃莉．海頓在《她只是個孩子》一書中就展現了無比的耐心與關懷。雖然桃莉在和問題兒童席拉的相處過程裡，兩人也不可避免地發生了激烈的衝突，從小就得不到愛的席拉不斷地挑戰著桃莉的極限，但桃莉總在事後反省自己的處理方式，不斷地調整兩人互動的模式。最後，席拉終於在桃莉無條件的愛裡，首次敞開心房接受桃莉的愛，並一步一步勇敢地面對自己的人生。

因此，對一個從事教育的工作者或父母而言，對自己情緒的掌握是非常重要的工夫。當發現自己的情緒湧上來、即將失去控制時，如果可以馬上離開現場，等到彼此的衝突冷卻、能夠靜下心來溝通彼此的想法時，再一起想辦法來解決問題。一次兩次，相信對彼此的信任愈來愈增長時，衝突的場面就會愈來愈少了。

…………

巴金：爲著追求光和熱，將身體撲向燈火，終於死在燈下，或者浸在燈油中，飛蛾是值得讚美的。在最後的一瞬間它得到光，也得到熱了。

…………

古者易子而教之，父子之間不責善，責善則離，離則不祥莫大焉。〈離婁上〉

古時候的人互相交換小孩來進行教育，使父子之間不至於因爲勸勉向善而互相責難。爲了勸勉子女向善而互相責難，會導致親子之間情感的隔離。一旦親子之間產生了情感的隔離，造成的不良後果是相當嚴重的！

愈是親近的人，對彼此的期待就愈大。

父母與子女之間的情感，就是因爲太過親近，反而容易因爲理所當然，或對彼此有所期待而產生激烈的衝突。現代心理學家發現，一個人成長的家庭對他的情感動向與性格養成都有不可忽視的影響力。因此，對子女的教育是非常重要而不可一刻忽視的。

然而，父母親最大的通病就是把子女當成是自己的財產，認爲子女是自己生命的延續，所以，理所當然地可以爲子女規畫他們的生命。在父母這樣的心態下，子女的生命往往就背負著沉重到難以負荷的壓力。

紀伯倫在《先知》中曾有這樣的字句：

你們的孩子並不是你們的孩子，他們是生命對自身之渴求的兒女，他們借你們而來，卻不是因你們而來……。

你們可以把你們的愛給予他們，卻不能給予思想，因爲他們有自己的思想……。

你們可努力仿傚他們，卻不可企圖讓他們像你，因爲生命不會倒行，也不會滯留於往昔。

當父母不再把孩子當作是自己的財產，也不是自我生命的延續，放棄對孩子強烈掌控的欲望時，就是把孩子當作一個分離、獨特的個體，這樣就能夠改變父母的態度，減少對孩子行爲的不接受。能夠放手讓孩子依循自己的性向去發展，就是父母送給小孩一輩子最好的禮物。

…………

巴金：若得不到豐富的、充實的生命，那麼活著與死亡又有什麼區別？

…………

中也養不中，才也養不才，故人樂有賢父兄也。〈離婁下〉

品德修養良好的人去涵育薰陶那些品德不良的人，有才華能力的人去教導那些才華能力尚未展現的人，這麼一來，人人就都樂意能夠擁有賢能的父兄了。

國中時期，我在所謂的前段班就讀。整整三年，全班持續地籠罩在升學壓力的陰影中。每到學年結束，學校總會來次模擬考，藉著模擬考的名次，將幾位同學「下放」到後段班去。每到這時，面對未知的命運，班上同學就開始躁動起來。同學與同學之間，見了面常開的玩笑就是：「下學期，在X班見了！」師長們也常在講堂上強調，如果不認眞上進，一旦被分到後段班去，人生就「前途無亮」了。

就是因著這樣不知不覺被灌輸的觀念，前段班與後段班的學生就好像活在不同的兩個世界一樣，彼此之間不但不能互相了解，甚至也沒有溝通的管道。許多我小時候的玩伴，就在這樣的分野下，漸漸變成平行的兩條線，見了面除了侷促地打個招呼外，再也沒有任何交流的機會。

那時，班級整潔秩序比賽是老師與同學們都認爲重要的事情，如果一個星期沒有拿到全年級冠軍，那個禮拜老師將給我們的處罰，已不是水深火熱可以形容的。班上被分配到的，剛好是打掃洗手間的區域。一次，我看見班上一個功課很好的女生和一個後段班的女孩在洗手檯前吵了起來。當服務股長的我過去一問，原來那個女孩不知道我們班已完成了清潔工作，還在洗手檯上洗拖把。我告訴那女孩情況，請她以後用大水桶洗拖把，那個女孩道著歉，靜靜地離去。而我同學看了一眼女孩的背影後，對著我說：「沒水準就是沒水準！」

孟子說：「如果那些品德修養良好的人厭棄那些不良品性的人，而那些有才華能力的人也厭棄那些尚未展現他才華能力的人，那麼賢良的人與那些尚未步入正軌的人之間的差距，就微小到不能以寸去測量了。」我衷心希望我那個現在已經執起教鞭並且爲人妻母的同學，早已跳脫出那個以成績來衡量一個人價值的觀念了。

泰戈爾：我們的生命是被賦予的，我們惟有奉獻生命，才能眞正擁有生命。

博學而詳説之，將以反説約也。〈離婁下〉

學習涉獵的範圍淵博，並且能夠加以詳細的說明，進而達到提煉出精華的地步。

人爲何要接受教育？經由教育，人想要從中學到什麼？教育對人的生命有什麼意義？

傳統升學主義填鴨式的教育，將整個國家導向一個以功利爲取向的大環境，一個人接受教育只是爲了能在社會上得到一個較具優勢的地位，享有較爲豐厚的物質。然而，在物質的享受遠超過個人基本需求的現代，靈魂卻發出饑渴的哀鳴。遠離了生活經驗，以知識爲取向的塡鴨教育，已將人們導向一條麻木、沒有目標、心靈空虛的不歸路，而那些社會新聞事件中高知識低ＥＱ的主角，就是功利主義塡鴨式教育氛圍下的殉葬者。在這條趨往功利的社會卡位戰中，人們看不到未來，更看不到生命的價值。

於是，停下來，重新思考生命的意義，爲後代子孫們找尋一條靈魂的出路，就是當前刻不容緩的課題。終於，在一片教改的聲浪中，前省教育廳在八十六年底開始實施了中等學校生命教育計畫，而教育部也在八十九年二月宣佈設立「生命教育專案小組」，將西元二〇〇一年訂爲「生命教育年」，希望能將生命教育的理念逐步納入由小學至大學的十六年學校教育體系中，讓這個教育理念能夠獲得一貫化、完整化、全程化的體現。生命教育的目的，是爲了保存延續生命，並且啓發生命的智慧、深化生命的價值及學生反省的能力，以整合知情意爲目標。希望經由爲學生創造出的尊重生命與熱愛生命的學習環境，讓學生能在學習的過程中，將學習所感內化爲面對實際生命經驗的智慧。

生、老、病、死不只是佛家所說的苦，更是所有生命必經的歷程。如何帶著智慧與熱情去面對這些人生之必經，比起能夠將知識裝入腦袋來得重要許多。當我們認定了教育的目標是爲了服務這趟美妙的生命之旅時，所有教學與學習都可以歸結於同一個目標，那就是學習——生命的智慧。

…………

列夫・托爾斯泰：正確的道路是這樣的，吸取你的前輩所做的一切，然後再往前走。

…………

以友天下之善士為未足，又尚論古之人。

〈萬章下〉

和天底下優秀之人結交仍然感覺不夠，又上溯去談論古代的人物。

唐朝的陳子昂在登上幽州臺時，寫下了這樣的字句：

前不見古人，後不見來者；

念天地之悠悠，獨愴然而涕下。

一千三百多年後的我們，咀嚼著這樣的字句，還是難免嚐到獨立於悠久渺茫、無窮無盡的宇宙前那卑微渺小的悲傷。

從我們離開母親的子宮，呱呱落地的那一刻，就注定了「無所逃於天地間」的孤寂。降生於斯，我們就注定要活在有限的肉體裡，去品嚐單獨的興味。在這樣唯一而有限的孤寂裡，友誼就像是奇蹟的花朵，開在生命的旅途裡，成爲一路上繽紛絢爛的風景。

志同道合的人，第一次相遇時，那靈魂與靈魂衝撞激發的光芒，是亙古暗夜裡最動人心魄的雷電。能夠知道有人與我們同樣有著對生命的質疑，能夠知道有人與我們同樣經歷著人生的悲歡離合，能夠知道有人與我們一樣一無所有地孤身面對蒼茫的天地，即使只是知道，就已讓人感覺到安慰。在一路的孤寂裡，一旦得到同行的伴侶，生命就彷彿得到了甘泉的澆灌，得以放心地伸展枝芽與嫩葉。被看到與被知道，往往就是我們繼續面對生命的勇氣泉源。

當個人的生命感受超過現階段靈魂能夠承受的極限，當個體已開始尋找人生的眞諦而沉潛入自己生命的幽谷時，閱讀，就是靈魂的救贖。面對閱讀古人的文字，使我們能夠汲取古人經過挑戰淬鍊的智慧，藉著閱讀古人，我們就能打破時空的阻隔，與古人的靈魂，靜靜地交流。

…………

安格爾：您的信心越強，就越應當善意地幫助動搖彷徨、德薄力弱的人。善良——這是天才的偉大品質之一。

…………

雖有天下易生之物也，一日暴之，十日寒之，未有能生者也。〈告子上〉

即使是天底下最容易種植成長的植物，將它曝晒一天，再凍它十天，也沒有能夠順利生長的。

學習是一條永無止境的道路。當我們種下一顆學習的種子後，如果沒有持之以恆的澆灌，這顆種子即使發了芽，最後也難逃枯萎的命運。

許多人對於自己的需求並沒有眞誠地去探索，只是人云亦云地跟隨著眾人的腳步，穿著不合腳的鞋，在人群中跌跌撞撞後，又自怨自艾自己的不幸，卻不知道，當你對於目標並沒有眞正的興趣時，從跨出第一步那刻起，就導致了最終的失敗。只有當你對於所學的事物或即將來臨的目標眞正地渴求時，你才有足夠的精力去堅持那似乎看不見終點的學習之路。而唯有在你不斷努力澆灌下，你的學習才可能結出美麗的果實。一曝十寒，永遠只是白廢氣力、徒勞無功而已。

有句話說：「努力的人不一定會成功，但成功的人一定要有過人的努力」。每個人眼中的成功不同，爲了達到成功所費的努力也不相同，然而，想要達到目標，不斷地經營努力卻是必要的元素。世間沒有不勞而獲的事情，卻有許多守株待兔的宋人。每個人都知道緣木求魚的愚蠢，卻在許多無意識的片刻迷失掉自我，而做出明知與目標相違背的事情。

要學習一件事，就要立下目標與計畫，按著計畫持續地進行。情感的經營也是如此。只要是人都有情感的需求，在親密關係中，最怕一種理所當然的需索。情感也是需要細心呵護、小心培養的。家人、情人、朋友之間的情感，若在一種理所當然的任性中不斷地消磨，再真誠美好的情誼也只能破滅。因此，在這條永無止境的學習之路上，持續不斷地努力，就是達到目標唯一的方式。

羅曼羅蘭：除了行動，什麼都是謊言，只有行動才不是撒謊，不管什麼人，只有根據他們的行爲來判斷他們！

今夫弈之為數，小數也。不專心致志，則不得也。〈告子上〉

下棋這件事，本來只是一種小技術。但如果不全心全意專心學習，也無法學到家。

弈秋是全國最高段的下棋高手。讓他來教兩個人下棋，其中一個學生能夠全心全意專心學習，只聽弈秋的教導。另一個人雖然也在場聽課，心裡卻想著一隻天鵝即將飛來，要拉弓箭去射擊牠。雖然兩個人一起學棋藝，第二個人卻遠比不上第一個人，難道是因爲他的聰明才智比不上人家嗎？答案是不辯而明的，兩個人學習成績的高下，只是因爲學習態度的不同。

學生時代上課時，我往往突然想到了當時困擾著的問題，就忘記臺上老師的存在神遊太虛去。讀著一本書時，我也常突然想到了其他的事情，思緒就飛離了當時的閱讀。或者，和某人談話時，卻想起了另一個人，對於眼前的人視而不見，對他所說的話語充耳不聞。事後，當我試圖要捕捉當時那片刻的記憶時，卻只有腦海裡模模糊糊無法辨識的一片。這樣的學習態度，呈現在考試的表現，就是令人觸目驚心的成績了。

任何一種學習，如果無法專心致志，學習的成果就容易打折扣。因此，找出自己學習的方式，營造出適合的學習環境是很重要的事情。經由多次的教訓後，我終於懂得了「把握當下」的重要性。每一個片刻都是獨一無二的，每一個片刻也都是稍縱即逝的。如果在當時的情境裡不能夠眞正融入去學習，事後才想要補救，只是時間上雙倍的浪擲。

因此，當你讀著一本書時，請全心全意去閱讀，用著好像這輩子再也無法讀它的熱情去讀。當你聽著一堂課之際，也請全心全意去傾聽，就好像這是最後一堂課。而當你與任何一個人相處時，請全心全意去感受這個人，就好像這是最後一次的相聚。這樣，生命的強度就會穿透你，而你的每一個片刻都將是無與倫比、不可替代的精彩。

歌德：大膽的見解就好比下棋時移動一顆棋子，它可能被吃掉，但也可能是勝局的起點。

學問之道無他，求其放心而已矣！〈告子上〉

學問之道沒有別的，只是要將善心尋回罷了！

所有人的內在，其實都存在著善良的品質，在佛教裡，稱爲善根、善種；在儒家的理論中，叫作四端，也就是孟子所說的「善心」。但是，我們經常看見人的惡性比善性來得強多、明顯多了，只要稍有機會，就會做出惡的反應，做出自私的行爲，這是爲何？

這是因爲人的善心被蒙蔽了，一次不使用它、兩次不使用它，漸漸地它就被遺忘了。有些人偶爾會對自己做的惡事感到慚愧、內疚，然後反省自己，這就是善良潛能的湧現，這就是善心被尋回的痕跡。

像這樣的潛能都潛藏在每個人心中，等待啓發、提升。開發每個人心中善良的本能，即使是看起來再愚拙的人，也只是遺失善心而已，如果接受了提升，認知到自我的原有價值，將失去的善良的心尋回，那麼在無形中，善良與智慧受到不斷的啓發，便能有適當的意志、言語、行爲。

華盛頓：人苟誠心竭力，則無不能爲之事。

教亦多術矣。予不屑之教誨也者，是亦教誨之而已矣！〈告子下〉

教育方式是多元的，我不屑去教導他，也算是一種教誨呢！

電影《春風化雨》是描述發生在英國小鎮一所傳統中學的故事。基廷先生回到母校威靈頓中學教授英國文學。基廷先生是一個充滿教學熱誠，對生命懷有夢想的老師，以自由而富於創造力的教學方式開拓學生的生命視野，他教導學生認識詩歌、認識文學。

基廷先生的口頭禪是「把握今日，創造自己的人生。」這段話激起許多學生對自己的盼望。他讓學生站在講臺上，以不同的角度觀察世界；帶學生到中庭步行，學習如何不跟隨別人的腳步，找到屬於自己的步伐。基廷先生的到來，帶給這所具有所謂優良傳統、高升學率以及嚴格紀律的古老學校一個巨大的衝擊。

一群年輕的學生建立了「古詩人社」，他們在山洞裡讀詩、論事、發表創作；而其中一位名叫尼爾的孩子，在父親的要求下進入威靈頓中學，目標是當一名醫師，不過，他對戲劇的熱愛卻讓父親震怒，尼爾在痛苦之餘選擇了舉槍自盡，結束自己十七歲的年輕生命。

尼爾的自殺震驚了整個學校，校方要找出唆使者負責。於是，基廷先生成了眾矢之的，「古詩人社」遭到調查，孩子們被迫簽字，將矛頭指向基廷先生，要他爲此事負責，於是，基廷黯然離開了學校。

在基廷離開教室的那一刻，學生們站上課桌，說「Oh! Captain! My Captain!」向帶領他們航向生命之旅的精神導師，致上最崇高的敬意。

馬爾頓：希望有極大的力量，使我們的志向和夢幻成爲事實。

人之有德慧術知者，恆存乎疢疾。獨孤臣孽子，其操心也危，其慮患也深，故達。

〈盡心上〉

人之所以有道德、智慧、本領、知識，經常是由於他的處境艱困，唯有那些孤老遺臣、庶孽之子，經常警惕考慮深刻，才能通達事理。

中國有一個相當感人的故事〈趙氏孤兒〉，內容描述晉靈公時，屠岸賈與趙盾不和，便設計陷害趙盾，於是，趙家被滿門抄斬，只有駙馬趙朔與公主倖免，不過屠岸賈卻計騙趙朔自殺，公主在生下一子後也自縊而死。程嬰為了救趙氏遺孤，就以自己的小孩來掉包，他雖然救了趙氏孤兒，卻犧牲了自己的小孩。

屠岸賈將程嬰收做門客，也不知情地將趙氏孤兒收做義子，二十年之後，孤兒長大成人，原本將屠岸賈當做父親敬重，不過，程嬰見時機成熟，便將二十年前仇人屠岸賈如何設計趙家，殘害他父母的事全告訴孤兒，孤兒悲憤不已，立志要為父母報仇，並開始等待時機。

而後晉悼公繼位，因見屠岸賈坐擁兵權而感到不滿，於是，便命趙氏孤兒暗中搜集罪證以捉拿屠岸賈，處以酷刑。趙氏孤兒也將自己的名字改回了趙武。

…………

雪萊：如果冬天已經來到，春天還會遙遠嗎？

…………

孔子登東山而小魯，登太山而小天下。故觀於海者難為水，遊於聖人之門者難為言。

〈盡心上〉

當孔子登上蒙山，便覺得魯國渺小，登上泰山便覺得天下渺小。所以，對於看過海洋的人，其他湖池便不足爲奇，對於在聖賢門下學習的人，其他小議論便不足爲奇。

有人說江南是「多山多水多才俊」，而北方則是「一山一水一聖人」。而這一山，指的便是五岳之首泰山。泰山在聖人孔子的心目中是無比崇高的。《禮記．檀弓》中說：「孔子在去世前幾日感嘆：『泰山將要倒了，屋樑將要斷了，而聖人將要死了。』唱完後回到房中，坐在屋內，七天之後便去世了。」

自古就有訪名山大川的風氣，許多名人雅士都樂於遊山近水，泰山勢高望遠，作爲五岳之首是實至名歸的。不過，最重要的是，孔子最初登泰山時，發出傲視古今的歷史胸懷，使得泰山成爲文人自我提升的象徵地，而這種登高望遠的歷史沉思之感，使得中國文人從內心崇仰泰山。

莎士比亞：在時間的大鐘上，只有兩個字——現在。

流水之為物也，不盈科不行；君子之志於道也，不成章不達。〈盡心上〉

水流的特性是不把低窪處填滿，便不再往前流，君子立志於道，沒有一定的成就也就不能算是通達。

鍾理和是臺灣小說的里程碑，他出身在一個極不平凡的家庭，家裡擁有大片土地，是十分富裕的大家族。他十九歲的時候，鍾家在美濃買下大片山地，經營農場，他被派到農場督工時，與同姓女工相戀、結婚，但是遭到家裡強烈的反對。

夫妻倆於是逃往中國，直到一九四六年戰爭結束，不得不回臺灣。不論在現實、經濟和心理上，鍾理和都面臨了極大的困難，他卻毅然進入寫作之路。回臺灣之後，他又立刻進入一段漫長的和病魔抗戰的日子。長期的結核病使他無法出外工作，只能在家養病，但是他依舊靠著瘦弱的身體提起寫作之筆，寫下了《笠山農場》這樣深刻動人的作品。

一九六〇年，鍾理和終止了與病魔交纏的一生，據說在他嘔出最後一口鮮血時，仍然拿著筆，不停寫作。

……………

勞倫斯：成功的秘訣，是養成迅速去做的習慣，要趁著潮水漲得最高的一剎那，非但沒有阻力，且能幫助你迅速的成功。

……………

有為者，辟若掘井；掘井九軔而不及泉，猶為棄井也。〈盡心上〉

做一件事有如挖一口井，挖掘到六、七丈的時候，仍看不見泉水，它就只能算是一口廢井。

有一天，子貢對孔子說：「老師，在求學上，我已經感到疲憊，想休息一下，改去服務君王。」孔子對子貢說：「服務君王要從早到晚溫文恭敬、謹慎小心，事君是很難的事，怎麼可以算是休息？」

子貢說：「那我想回家去事親，可以稍微休息一下。」孔子又說：「事親要和顏悅色、服侍盡切，是很難的事，怎麼可以算是休息呢？」子貢低頭想了一下，說：「那我回家與妻子相處，應該可以好好休息了吧。」孔子微笑說：「必須先在妻子面前樹立典範，之後影響兄弟，擴展到國家。與妻子相處是很難的，怎麼可以說是休息呢？」

「那麼我想休息，可以空出時間與朋友多相聚。」子貢又說。

孔子回答：「你應該知道，與朋友相處也是一件很難的事，怎麼可以算是休息呢？」子貢有點困窘，便說：「那我回家去種田算了。」孔子笑著說：「白天你得去割草，晚上你得搓索。要花時間用茅草來蓋屋，然後要播種施肥。耕種可不能說是休息啊！」

「那麼難道我們就沒辦法休息了嗎？」子貢問。

孔子說：「你看那邊的墳墓，那高高隆起之處，就是休息的地方了。」

子貢微笑說：「死亡真是一件隆重的事啊！君子在此可以放下他的重任而休息，而小人也在此終止他的生命。」

……………

納爾遜：時常說沒有機會的人，就是意志薄弱者。

……………

君子之所以教者五：有如時雨化之者、有成德者、有達財者、有答問者、有私淑艾者。〈盡心上〉

君子主張的教育方式有五種：有如及時雨那樣灌溉萬物；有成全品德者；有培養才能者；有解答疑問者；還有以風流餘韻為後人所模仿學習者。

晉代的竹林七賢，是中國歷史上有名的放浪不羈的人物，他們分別是：阮籍、嵇康、山濤、劉伶、阮咸、向秀和王戎，這七個人經常在竹林下酒酣耳熱，而這其中最著名的酒徒，便是劉伶。據說劉伶隨身帶著一壺酒，乘著小鹿，一邊走，一邊喝酒，一個小廝拿著鏟子跟隨在後，看他什麼時候死了好就地掩埋。阮咸喝酒更是誇張，他每次與大家一起喝酒，都是以大臉盆來裝酒，大夥兒坐在臉盆四周，用手捧酒喝。有豬狗來喝酒，非但不把牠們趕走，阮咸還湊上去和豬狗一塊兒喝。

竹林七賢驚世駭俗的行為，充分反映了晉代時期文人的心情，因為社會動盪不安，權貴們個個飛揚跋扈，統治者對人民更是迫害有加，讀書人只好藉酒澆愁，酒後狂言不羈以排洩苦悶。竹林七賢中還有著名的阮籍、稽康，他們瀟灑奇異的風範、狂狷浪漫的行為，也被後世傳為美談。

愛因斯坦：一個人掌握了自己學科的基礎理論，並且學會了獨立地思考和工作，那他必定會找到自己的道路。

大匠不為拙工，改廢繩墨；羿不為拙射，變其彀率。〈盡心上〉

高明的工匠不會爲了拙劣的工人，改變或廢棄規矩；羿也不會爲了拙劣的射手，改變拉弓的標準。

臺灣近年的高房價是有目共睹的，富商們蓋些華麗的豪宅，也許不會造成嚴重的負擔，也有部份的經濟學家認爲，臺灣人對建屋的興趣可以製造不少就業機會，節儉或許已不是美德，但是濫用，恐怕會造成更大的損失。

一些先進的歐美國家，即使相當富裕，也強調對財富經濟利用的觀念，因爲那些華麗而無謂的建築，除了令建造者感到虛榮之外，並沒有太大的好處。事實上，豪宅造成的土地問題、觀瞻問題，甚至於特權的存在，所造成的社會成本大矣！我們要求房子要安全、美觀、好用，這些都是合理的，但是過份地使用昂貴的建材、奢侈的設備、不知所以的裝飾物，無疑是一種極爲幼稚的心態，那只能凸顯豪宅主人的空虛與庸俗，或者淪爲有心人士的囊中物。

糜費奢華的建物並不是我們所需要的，我們眞正需要的是一個適用、雅觀、安全的居所，而這個標準更是永恆不變。

狄更斯：世界上能爲別人減輕負擔的都不是庸庸碌碌之徒。

盡信書，則不如無書。〈盡心下〉

完全相信書中所說的言論，還不如沒有那本書。

紀昀，就是紀曉嵐，他是清代有名的大官，據說他十分好辯。有一天，他朋友吳惠叔讀了杜甫的〈四喜詩〉說道：「『久旱逢甘霖，他鄉遇故知，洞房花燭夜，金榜題名時。』這樣的佳作，眞是沒有可挑剔之處啊！」

紀曉嵐馬上說：「有有有，應改成十年久旱逢甘霖，萬里他鄉遇故知，和尙洞房花燭夜，監生金榜題名時，這才是眞正的大四喜！」

吳惠叔詫異得很。紀曉嵐笑著說：「十年久旱逢甘霖，旱了個把月，是旱，旱上三年五載，也是旱，可是大旱十年，而降下甘霖，可眞眞是高興得無法形容了。至於萬里他鄉遇故知，離家有萬里之遙，若能遇到相知之人，自然是高興之極致。

「和尙洞房花燭夜，和尙，不能婚配，若能取妻，恐怕要比常人結婚歡喜許多倍囉！而監生金榜題名時，監生的功名，是用金銀錢財捐來的，大多學淺才薄，若能倚靠自己的實力金榜題名，必定比一般讀書人更加歡喜了！」

學富五車，活學活用，聰明過頂，紀曉嵐當之無愧。

馬爾頓：應將遷延當做你最可怕的仇敵，因爲他要竊去你的時間、品格、能力、機會和自由，使你成爲他的奴隸。

梓匠輪輿能與人規矩，不能使人巧。

〈盡心下〉

木工以及輪輿工只能將製作的方式傳授給別人，卻沒辦法保證別人一定能技巧高超。

「物質豐富了，靈魂失落了，上帝死了，一切解構了。」這是後現代主義的基本觀點，許多古典的傳統與價值，在後現代主義的立場下失去意義。後現代是現代的極度延伸，它強調不必去掌握什麼，因爲生命是不可捉摸的，過去所謂的精神、意義、本質、深度都是空泛虛無的。西方許多藝術家爲後現代主義提出作品，例如茱莉·華洽特、卡洛·瑪麗·馬利亞尼、雷斯·克林姆斯等人，藝術家們利用科技、繪畫、雕塑等綜合素材，結合出自己的美學觀點，不管後現代藝術的評價如何，它都引導出西方目前藝術家們的思維。

臺灣的藝術家們也承襲了這樣的潮流，奇異的媒材、聳動的言語、離經叛道的舉止，乍看之下，這群藝術家似乎也是富於思想、充滿創造力、對社會環境有話要說的，但是，細細觀察後不難發現，臺灣藝術家經常移植國外的美學思想、或者觀點、或者形式，比如把布條包裹椅子在國外已經有藝術家做過了，他的意圖是呼籲人們重視內心的需求，一個人最大的困境在於自己束縛自己，如果，國內的藝術工作者又做了一樣的事，那麼，又有什麼樣的意圖呢？也許，臺灣的藝術家們，該爲自己，走出一條路來。

佛蘭克林：物有定處，事有定時。

山徑之蹊間，介然用之而成路，為間不用，則茅塞之矣！〈盡心下〉

山坡上的小徑雖窄，經常走過就能變成一條路；如果不去走它，就會被茅草堵塞住。

戰國時期，有一位讀書人名叫高子，他聽說齊都的孟子很有學問，於是，便前往齊都向孟子拜師求教。於是，孟子便將高子收為學生，並且對他講授關於儒家的學說。過了一段時間，高子對其他的事物發生興趣，開始在孟子講授課程時顯得很不用心。

孟子發現這個情形，便對高子說：「佈滿茅草的山坡小路，雖然狹窄，如果人們經常走來走去，小路就會被踏寬，變成一條大道，但是，如果不去走它，茅草很快的會長滿小路，並將山路堵塞，一切的努力都會白費工夫。」

高子聽到老師這番話，有點似懂非懂。接著，孟子說道：「也許現在茅草已把你的心給堵塞住了吧！」高子聽到這裡，終於明白孟子的意思，感到不好意思，他發現自己的學習方式不對，於是下定決心努力學習。

馬丁・路德：等待美好機會才做事的人，永遠不會做事。

卷二

自我成長的修養之路

人生最終的價值在於覺醒和思考的能力，
而不在於僅僅生存。

——亞里斯多德

五十步笑百步。〈梁惠王上〉

「嚴以待人，寬以律己。」用兩套標準來衡量世事、看好戲，幸災樂禍的心態。

有一回，梁惠王對孟子說：「我對於國家政事也算盡心盡力了。比如河內遭逢饑荒，我就把一部分的百姓遷移到河東去居住，把河東的一些糧食運到河內來救災。河東遇到荒年，我也採用同樣的辦法救濟。我仔細觀察鄰國，沒有一個國君像我這樣用心愛民！但奇怪的是，鄰國的百姓並沒有因此減少，我的百姓也未因此增多，這是什麼緣故呢？」

梁惠王只不過比別的國君稍微好一點點罷了，其實，他並沒有做到眞正的勤政愛民。

孟子說：「從前有兩個士兵，他們平常就喜歡誇耀自己的勇敢事蹟。其中一位說：『我一次可以打敗五個敵人。』另一位又說：『才五個，就算來十個敵人我都不怕。』

「有一次爲了看看誰比較勇敢，他們決定一起去參戰。果然，當戰爭的號角一響起，他們兩個人就奮力戰鬥，毫不畏懼。可是，敵人的士氣十分高昂，勇猛善戰，一波接著一波，好像永遠打不完。其中一位心想：我的天啊，敵人怎麼這麼多又這麼勇敢？我看我還是先逃了吧！於是便丟下武器先逃走。

「他好不容易跑到一個安全的地方。『這兒大概沒有敵人了吧！』沒想到後面卻傳來一陣譏笑聲：『哈哈，你這個膽小鬼，看到敵人一來拔腿就跑，眞沒用啊！』他回頭一看，原來是跟他一塊參戰的朋友也氣喘如牛的跟在他後面逃走，只不過比他少跑了幾十步而已。」

於是，孟子問梁惠王：「那個後面逃走的人嘲笑先逃走的人膽小，您認爲對嗎？」

梁惠王回答：「當然不對，兩個人都害怕得逃跑，雖然一前一後，卻同樣是膽小！」

孟子就說：「對呀！您既然明白這個道理，就該理解雖然您較用心地待百姓，但仍是不夠，人民覺得您與其他國君沒什麼不同，就不會移居到梁國來，那麼我們的人民又怎麼會增加呢？」

紀伯倫：你們的理想與熱情，是你們航行的靈魂，靈魂的舵和帆。

自反而不縮，雖褐寬博，吾不惴焉；自反而縮，雖千萬人，吾往矣。

〈公孫丑上〉

當我自行反省的時候，知道正義不在我這邊，即使對方是卑微的人，我也不能威嚇他；當我自行反省時，知道正義在我這邊，即使對方是千軍萬馬，我也會勇往直前。

臺灣近代有位著名的文學作家吳濁流先生，他是詩人、小說家，也是文學運動者，一直到一九七六年病逝爲止，他爲自己的生命與信念不停創作。

他的《亞細亞的孤兒》是我們十分熟悉的故事，這部作品記錄了臺灣人在戰前最深刻的經驗和悲痛。「亞洲的孤兒」這個詞彙，生動地描述出臺灣人悲情的處境。吳濁流認爲小說是歷史的一環，寫小說是要爲歷史留下眞實的見證，他出生於日治時代，看見充滿遺民意識的祖父輩，目睹過急於成爲皇民的父執輩，以及接受典型的統治者訓練、出身國語學校的自己一輩的青年，這些艱澀的人生經驗被他記錄保留；不顧被捕的危險，也沒有美麗的修辭，吳濁流寫出血淚斑斑的《亞細亞的孤兒》。

吳濁流的小說不但述說著整個時代的悲哀，也表達出他充滿正義、熾熱的心志與使命感，他把筆當劍，以筆仗義人間，宵小奸佞在文中無所遁形；那種揭奸發惡不遺餘力的勇猛之氣，正是他文學作品中銳不可擋的利刃。

有些評論家說他的小說是「瘡疤！瘡疤，揭不盡的瘡疤！」也有人直接論斷他的作家性格是「社會病理學家」。不管如何，吳濁流還是堅持寫下眼中的臺灣社會，在目睹「二二八事件」後，便寫下《黎明前的臺灣》和《無花果》，而親歷戰後臺灣動盪的他，更描寫出《臺灣連翹》的深刻形象。

因著伸張正義的使命感，吳濁流以生命在文學路途上全力以赴。

奧加遼夫：掩飾眞理是卑鄙，因害怕眞理而撒謊是怯懦。

夫志，氣之帥也；氣，體之充也。〈公孫丑上〉

思想意志，是意念感情的引導，而意念感情，是充盈體內的力量泉源。

所謂的道德行爲，是一種對道德的認知付出實際行爲的結果。當我們具備了道德認知後，實踐自己所認知的道德原則，便屬一種道德行爲。但有時候，我們雖然知道如何做才是對的，卻沒有力量支持這些行爲，那是因爲我們無法將認知轉化爲行動。一般而言，道德行爲具有三成分：能力、意志及習慣。所謂的能力，是確認自己具有執行某項助人行動的能力，如果曾有過成功的助人經驗，那麼以後就更容易且更願意助人。

意志是指當我們面臨需以道德來處理的狀況時，能夠做出正確的選擇，事實上，這是一件不容易的事情。意志是理性的，它能控制人的情緒，讓人頭腦清楚，以致於能負擔屬於自己的責任；所以，意志是道德勇氣的核心。最後一種成份是習慣，在許多情況下，道德行動需以習慣做爲後盾，所謂「習慣成自然」，是說當我們建立某種習慣時，自然會出現一股力量，促使我們依此習慣行事，否則內心會顯得不安。若能建立良好的道德習慣，然後在不斷的實踐與練習中增加信心，那麼，道德的光芒會不露而自現，內化成自我本質；尤其年幼的時候更是道德習慣建立的關鍵時期，如果成人能夠以身作則，從旁指點，讓兒童自小至大就不斷地實踐道德行爲，養成樂於助人、誠實公正等性格，那麼，這些本質便會永遠陪伴著他。

…………

彼德斯：人生需有志向與目標，否則精力全屬浪費。

…………

持其志無暴其氣。〈公孫丑上〉

我們要堅定自己的意志，不要濫用意念、感情。

「以磨練來堅定自己的意志，以反省來修養自己的性情。」在許多名人的故事中，我們常看到歷經生命艱難的痛苦過程或者窮途潦倒的辛酸回憶，因爲，他們承受了殘酷現實的折磨，嚐盡人間的酸甜苦辣，才將自己的精神磨鍊出光芒。一些白手起家的大董事長、大企業家總說自己是一路吃苦過來的，沒吃過苦的人，不能成大事業；這些話是有道理的，往昔縮在街角的路邊小販竟成了今日的商業巨人，其中的艱辛困難、酸甜苦辣，唯有他自己才能解其中滋味吧！將自己的意志訓練得堅強，那麼，即使遇到再艱困的事情，都能坦然以對，努力克服。

即使自己現在過得非常順遂、愉悅，也不能保證永遠如此，大自然有春夏秋冬，人的一生不會完全是春天，也不會完全是冬天，人生也會有春夏秋冬的各種歷程。在幻化多變的人生旅途中，四季寒暖，也許哪天就會碰到失業、破產、落第、失戀，就像是難耐的寒冬，都要堅持下去。因爲，一個能幹的人，不但無懼於人生的寒冬，反而能在寒冬中堅定自己的意志、鍛鍊自己的體魄，等待好的時機，等待下一回的春風緩緩吹起。

雨果：生活好比旅行，理想是旅行的路徑。失去了路徑，只好停止前進。生活既然沒有目的，精力也就枯竭了。

我知言，我善養吾浩然之氣。

〈公孫丑上〉

我善於理解、分析別人的言辭，也善於培養自己的浩然之氣。

語言，是思考與溝通的主要工具。說話時有條不紊能反映出一個人的思路清晰，而言辭含混，便使說明不清，思想淆亂。如果語意混亂，錯誤百出，便會引起許多爭辯、衝突；這是因爲人們曲解了彼此的語意，當一個人說話時語意不清，甚至錯亂，那麼他說的話，只能算是無意義的廢話。無意義的問題，無所謂回不回答，無意義的言語，便無所謂眞假。孟子就是當時一位善於思辨的高手，也因爲他善於思考、分析別人的言語，才能在諸子風起的戰國時代有立足之地。

如果我們對思辨稍微思考一下，不難發現它的重要性。若就個人來說，沒有學識只能說是無知，不能思考或者不願思考，才是眞正的愚蠢；若進而就整個社會而言，當會獨立思考的人越多的時候，自由、民主、法治才有生存的機會，才能屹立不搖，如果只想依賴立法院諸公吵出來的法律條文是無用的！要指望握有權勢的人履行限制他的法律，豈不是緣木求魚？這些條文能否眞的落實，人民的明辨秋毫才是基礎。如果群眾能夠覺醒，對自己的社會能深入思考，才能眞正地辨別是非曲直、眞假對錯。

亞里斯多德：人生最終的價值在於覺醒和思考的能力，而不在於僅僅生存。

其為氣也，至大至剛，以直養而無害，則塞於天地之間。〈公孫丑上〉

所謂的浩然正氣，是最偉大、最剛強的，必須要用正義去培養它，不可傷害，假以時日，這股浩然正氣便會充盈天地四方，無所不在。

世界之初四方混沌，盤古雙手撐天，雙足踏地，將天歸於天，地凝爲地，而後，筋疲力竭的盤古右眼成日，左眼化月，血流成長江黃河，胸膛成崑崙百嶽，天地便這麼開始了。

千百年後，天空破了一個大洞，女媧奉命補天，天地爲了不讓四極折斷，派了四名金剛力士守衛，世稱「四大金剛」。四大金剛個個面貌宛若凶神惡煞，長三十丈，力大無窮，一切妖魔鬼怪都怕它，便把天邊鎮守住了，這是中國金剛的傳說。

在佛教中，金剛力士也叫那羅延（Nryana），是具有大力量的印度古神，又作那羅延天，就是金剛力士。在許多石窟中，我們可以看見力士的雕像，兩眼暴突，怒視前方，雙手握拳，胸上、手、腿上的肌肉高高隆起，造型粗曠豪放，雄健有力，氣勢逼人。

佛教傳到了日本，力士也被稱爲仁王，他們通常是一對面目猙獰、體格強健的金剛力士，具有巨大力量及神力，能夠守護眾生。在印度的神話裡，仁王們被視爲遵守著佛陀的教誨、避免因煩惱而自身腐敗的神。其中一尊神像，右手拿著印度古代的武器「金剛杵」，開口說：「啊！」；另一尊神像則右手張開，口中喃喃唸著梵語密咒：「吽」。「啊」和「吽」皆表示宇宙萬物之意，是梵語中的字母，而這兩尊神像常被矗立在寺院門口，又被稱爲仁王門。

不論是印度、中國或者日本，這面目可怖卻守護眾生的力士都成了剛毅不屈的象徵，而他們正義、宏偉之氣也充塞於天地之間。不論是佛教或儒家，對於人的正義堅忍都十分強調，這就是信仰的共通性，無論是世界上哪一個宗教，正義都是永恆的歸屬。

《聖經》：神賜給我們的，不是膽怯的心，而是剛強、仁愛、謹守的心。

禍福無不自己求之者。〈公孫丑上〉

無論是禍害或者是幸福，其實都是自己找來的。

「一下雨就淹水，沒下雨就缺水。」這種荒謬的景象，竟是今日臺灣的最佳寫照。近年來，缺水問題成了熱門話題，也許大部份的人會認爲老天不賞臉，水庫又興建不及，使得人民只好面對缺水之苦。然而，一到夏天雨水充沛時，就得擔心水災、土石流，到了冬天，又得忍受缺水之苦，這種生活未免太恐怖了點！難道眞的只是天災的問題嗎？

其實，整個臺灣社會與政府都必須正視這個極爲嚴肅的課題。臺灣不過是個島嶼，當資源用盡或是資源被破壞後，那麼，居住在島嶼上的人民，恐怕只有跳海一途。臺灣最珍貴的自然資源，莫過於森林資源，森林是水的故鄉，茂密的山林，是無形的綠色水壩，可以涵養水份，保護水源；可是，現在滿山遍野的檳榔、高山茶、高山蔬菜，無疑是爲山林水源的保育埋下一顆遲早會爆的炸彈，到時得付出多少社會成本，讓人連想都不敢想！

如果僅就種植檳榔來看，檳榔顯然是既破壞環境又危害健康的產品，再放眼大街小巷，滿街都是違章小玻璃屋，檳榔西施爭奇鬥艷、花枝招展，遊走在「有露沒露」的邊緣，眞不知下一代會如何看待？此外從保育山林資源的立場來看，滿山遍野的檳榔園是造成地下水位下降、水庫乾枯的主因，進而使山土流失，造成土石流，危害到人身的安全，而這些流失的土石到哪兒去了？它們淤積在水庫裡，使得水庫的蓄水量越來越少，這可是嚴重的連鎖效應，下一步，就是水質污染了。當那些阿莎力的臺灣人嚼著檳榔、喝著高山茶、吃著高山蔬菜的同時，是否曾想過這些問題？

蘇格拉底：未經反省的人生，毫無存在的價值。

凡有四端於我者，知皆擴而充之矣，若火之始然，泉之始達。〈公孫丑上〉

凡是擁有仁、義、禮、智四端的人，便要把他擴充發揚，就像小火苗會有燃燒天地的一天，就像小河流會有成大海的一天。

「歷史經常在某些時刻，會以一種不可思議的方式讓聖者出現。用他或她們所行的最高之善，將神的意旨變成勝利的號角。聖者群像裡，十二世紀的『阿西西的聖方濟』（St. Francis of Assisi）和今日的德蕾莎修女（Mother Teresa），就站在最高的頂點。」一位著名的作家如是說。

在電影《聖方濟傳》裡，描述一位出身富貴、頑劣成性的青年，對生命感到困惑，四處追尋眞理，最後受聖恩垂愛，奉獻所有，終生照顧痲瘋病患與窮人。在聖方濟臨終時，他說：「天主領我悔罪，我是罪人，我原無法面對痲瘋病人，天主把我帶到他們之中，對他們悲憐，一切都變成身體與靈魂的甜美。現在，我就要離開這個世界了。」

七百年後，德蕾莎修女出現了。她在一次火車之旅中感悟到天主的召喚，她說：「這個召喚是清楚的，我必須離開修會，在窮人間生活，爲他們服務。」她走進印度的貧民窟，照顧那些極至貧苦的窮人。她創設了「仁愛傳教修女會」，收容垂死者、痲瘋病患、棄嬰。兩件衣服、一個食具是她全部的所有。一九七九年她得到諾貝爾和平獎時說：「我以窮人之名接受這個獎，這個獎是對窮人世界的認識。基督說：『我饑餓，我裸身，我無家可歸。』藉著侍奉窮人，我侍奉基督。」她以最簡單的方式、最簡樸的信仰、最純粹的侍奉，完成了巨大的事業。

《聖經》：耶穌在一個地方禱告，禱告完了，有個門徒對他說：「求主教導我們禱告，像約翰教導他的門徒那般。」耶穌說：「你們禱告的時候要說：『我們在天上的父：願人都尊你的名為聖；願你的國降臨；願你的旨意行在地上，如同行在天上。我們日用的飲食，天天賜給我們。赦免我們的罪，因為我們也赦免凡虧欠我們的人。不叫我們遇見試探；救我們脫離凶惡。』」

仁者如射，射者正己而後發，發而不中，不怨勝己者，反求諸己而已矣。

〈公孫丑上〉

行仁的人，有如一個面對競賽的射手，必須先端正好自己的姿態，然後發箭；倘使沒有擊中目標，也不會埋怨，或妒忌那些成績比自己好的人，而是反躬自省罷了。

從小到大，不論是學生時代的打工、剛入社會的第一份工作，或是長時間投入職務，每一份工作，或多或少都積存著一些經驗、資源，它們都是人生中值得學習的部份，如果能帶著感恩的心工作，那麼，你的工作心情乃至於工作態度都會是愉快的、充滿活力的。

倘若心中起了「另起爐灶」的念頭，不妨先轉換心情，用另一種角度看待目前的工作、看待身邊的人事物，也許，對於離職將會有不同的想法。有些人之所以想求去，可能是覺得別人能力普通卻升遷快速，自己能力更好竟得不到重用。但是，在職場生涯中，或多或少都會有不同的標準、不同的觀點，也許別人並不像您所見到的那麼差；而您，是否也該重新衡量看看自己各方面的能力呢？

若以另一個角度來看，換工作也許是必經的過程，但每一次換跑道，是否眞能爲您帶來幫助？很難說，有很多人只是從一個抱怨掉到另一個抱怨的圈子裡。工作沒有日日輕鬆的，也沒有企業是零缺陷的，上班族總對自己抱怨，覺得自己的公司簡直一無是處；等到了新的職場，日子久了，一再惡性循環，難道還要再換跑道？看不到事情的癥結是找不出解決之道的，還是好好反省自己，問自己到底想要什麼，想過什麼樣的生活，才是重點。

…………

鮑威爾：充分創造人生的人勤於思考，善於反省，他們能對人生提出恰當的問題，同時也能明智地讓生活來向他們提問。

…………

古之君子，過則改之；今之君子，過則順之。

〈公孫丑下〉

古代的君子，有了過錯馬上就改；現在所謂的君子，有了過錯便將錯就錯。

姬旦，就是有名的周公，他是文王的四子，武王的弟弟，因其封地在周，所以被稱爲周公。據說，他小時候就聰明過人，對父母長輩也十分孝敬，後來，助兄武王伐紂，被封於魯，他派兒子伯禽到魯治理並對他說：「一沐三發，一飯三哺。」要伯禽禮待賢才。滅商後兩年，武王重病不起，周公問卜，爲武王禱告，並把結果放於金匱，告誡官員不許打開。可是，過沒多久武王就過世了，當時成王還在襁褓之中，周公唯恐天下大亂，便攝政護國，但是管叔與蔡叔不滿，在周公理政的第四年便勾結紂王之子武庚叛亂，後來，周公奉成王之命率兵東征，殺掉管叔、武庚，流放了蔡叔，重整商民，同時決定建東都洛邑。

成王長大後，周公還政，面北稱臣，行諸候之禮。後來，有人誣陷周公居心不良，周公於是被迫逃離，等成王查明實情，便哭著將周公接回國。周公還怕成王會耽溺酒色，寫了許多告誡成王的文章，希望他能勤政愛民，率祀明德，順從天道。另外，周公還制禮作樂，建立社會制度，教化百姓，使周成爲重禮而仁愛的國度。即使周公不曾自命爲君王，但自古以來，人民對他的尊敬已超越了名義上的君王。

泰戈爾：對付邪惡的特效藥就是跟邪惡戰鬥。

富貴不能淫，貧賤不能移，威武不能屈，此之謂大丈夫。

〈滕文公下〉

富貴不能擾亂我的心志，貧賤不能轉移我的意志，威嚇不能委屈我的志節，這才是一個頂天立地的大丈夫。

明代有個著名的清官——海瑞，還有人為他拍了部電視劇《海瑞罷官》，劇中的海瑞清正廉潔，不畏權貴，一身正氣；同時代的文學家王世貞也給了他「不怕死，不愛錢，不立黨」的評語，可見海瑞的清廉是名不虛傳的。

關於海瑞的著名事蹟，便是向嘉靖帝直言上疏，在大臣粉飾盛世、一片歌舞昇平，以及受寵者阿諛、小臣們畏罪結舌的黑暗政圈中，海瑞仍毅然指責嘉靖帝收括民脂民膏，濫興土木，無視朝政。當然，他被拘提入獄了，在獄中的海瑞，恐怕是抱著必死的決心。不過，沒多久，皇帝便駕崩了，當他聽到皇帝「殯天」的消息時，哭了。

在史料裡，關於海瑞哭帝一事有詳細的記載。據說嘉靖帝病死時海瑞並不知道，按照慣例，死囚被押赴刑場前都能吃到一頓好酒菜。海瑞看到好酒菜，便大口大口地吃起來，獄卒問他：「先生今天爲什麼這麼高興呢？」海瑞說：「我要做個飽死鬼嘛。」獄卒便告訴他方才聽到皇帝駕崩的消息，至於酒菜，是爲了讓先生出獄前能飽餐一頓才準備的。當海瑞聽到這消息時頓足痛哭，把吃下去的食物全吐出來便暈了過去。第二天，便穿上喪服，伏地痛哭。

海瑞確實是個不屈不撓的大丈夫，他從未向權貴者低頭，面對上位者從不軟弱；但他也是個徹頭徹尾的悲劇人物，自己的一生全被頂頭上司操縱著，肝腦塗地仍不知所以。儘管他所到之處都受民愛戴，人們爲將離任的好官送「萬民傘」，爲好官痛哭送葬百里，卻沒有權利、沒有資格選擇自己的「父母官」；海瑞是清廉、剛正，卻也是個太過封建的書生。在佩服海瑞之餘，還是學習做個更聰明、更有彈性的海瑞吧！

莎士比亞：希望是戀人的手杖，依靠著它前行，可以對抗自覺絕望的思想。

作於其心，害於其事；作於其事，害於其政。

〈滕文公下〉

人的心靈不求正道，便不會做合於正道的事；如果大家都不做合於正道的事，那麼，關係著全國人民的政治也會跟著混亂。

元朝末年，順帝荒淫無道，寵信奸臣，每天飲酒作樂，荒廢國家朝政，民生晦暗，天下大亂，加上天災人禍頻傳，民不聊生。終於，群民並起，爭地稱霸，最後由一介平民的朱元璋統一了天下，他就是明太祖。朱元璋原本是個牧童，因爲社會太過困乏，人民苦窘，許多農民乞丐結合起來，逐漸擴展勢力，其中以朱元璋最爲仁德寬大，又得賢人劉伯溫、李善長等人協助，克服困境，南征北討，終於推翻元朝，開創明朝。

…………

喬叟：人在幸福之中不可以忘卻躲在身後的災難與痛苦。

…………

行有不得者，反求諸己。〈離婁上〉

如果所有的行爲都沒有得到預期的效果，那麼，就要反省自己了。

當社會呈現出一片混亂污濁時，人民將漸漸失去心靈的慰藉，唯一能救他們的，就是文學、藝術。因爲，藝術能淨化靈魂，而文學能提升人的精神境界。如果生活在這塊土地上的人們，能發展出屬於自己的文學面貌，追尋自己的根源，並且將這些珍貴的精神呈現在文藝之中，那麼，在這塊土地上的人心，便不會如此浮動不安了吧！在十九世紀末的歐洲，出現了許多文學家、哲學家以及藝術家，他們以內斂的思想與愛國情操重建戰後的歐洲世界，拯救當時人們破碎而恐懼的心靈，再創歐洲的現代文明。

目前的臺灣社會面臨到巨大的精神危機，人人茫然不知所向，恐懼與不安像夢魘一樣徘徊不去。如果再不能喚醒人們的良知，收斂在上位者的貪婪功利之心，要改善其他社會問題恐怕是難上加難。握有權勢的人是否眞的負起責任，眾人舉目皆知，若權貴們再不能反省自己、批判自己，更遑論戰勝目前的窘境了。愚者相殘，智者相生，不改善今日，哪來美麗的明天？

盧梭：善良的行爲有一種好處，就是使人的靈魂變得高尚，並且使其可以做出更美好的行爲。

言非禮義，謂之自暴也；吾身不能居仁由義，謂之自棄也。〈離婁上〉

說破壞禮義的話，這是自己殘害自己；覺得自己不能以仁愛爲本，不能行義事，這是自己拋棄自己。

杜斯托也夫斯基有一部很重要的作品《白癡》，因爲他想透過《白癡》這部作品，寫出心中的基督精神，而小說中的基督精神，則呈現在男主角麥色金身上。

麥色金的身世坎坷，常因不夠世故而被欺負，而且他患有嚴重的癲癇症，以至於被人取笑爲白癡。但是，麥色金具有一種特質，就是能讓別人吐露心聲，擁有寬廣的接納胸懷，以及對心靈敏銳的直覺。通常，善於看透別人內心的人會令人有威脅感，可是麥色金不同，他能看出惡行中的善，使那些被討厭、唾棄的人感到被理解。

故事裡的麥色金，在三角戀情的思索中離開了深愛自己的女子，而另一個他深愛的女子則選擇離開他，故事以這樣的悲劇性收場。當麥色金將邪惡的行爲看透，指出背後的憐憫，爲那些做解釋時，杜斯托也夫斯基也透過麥色金的眼睛，看出在這個邪惡世代中眞正良善的人，可以從邪惡裡辨識良善，而邪惡者則永遠將良善解釋成邪惡，這就是杜斯托也夫斯基所說的基督精神。從杜斯托也夫斯基的觀點來看，深陷苦難中的人，唯有靠悲憫來扶持，即便因爲憐憫而失去幸福，十字架精神仍是人類中肯的希望。

《聖經》：你們要將一切的憂慮卸給神，因爲他顧念你們。務要謹守、警醒；因爲你們的仇敵魔鬼，如同吼叫的獅子，遍地遊行，尋找可吞吃的人。你們要用堅固的信心抵擋他，因爲知道你們在世上的衆弟兄也是經歷這樣的苦難。

道在邇而求諸遠，事在易而求諸難。

〈離婁上〉

道在咫尺卻往遠處追求，事情原本很容易卻往難處去做。

也許經常有人會掛在嘴邊：「快樂在哪裡？要到哪裡去找快樂？」快樂眞的如此難尋嗎？其實，快樂在每個人的心裡。有一天早上，我陪媽媽去逛百貨公司，在回來的路上，看見一隻被丟棄的小流浪狗，原本我們兩人已經經過了那隻狗，可是，媽媽想一想，又回頭找那隻小流浪狗將牠抱起來，放置在箱子裡帶回家。

那小狗看起來還年幼，不知是什麼緣故被遺棄了，當媽媽幫牠洗完澡、餵著牠喝鮮奶時，我們看見小狗臉上滿足的表情，心裡眞的覺得很快樂。原來照顧小動物也會讓人覺得快樂，眞像電視裡說的：「心中有愛，就有快樂。」

其實快樂是隨處可得的，看一場精采的籃球賽、一場有趣的電影，讀一本好書，或者聽一下午的音樂，又或者和家人好好地吃一頓，這些都可以是快樂的泉源，快樂是很簡單的，也可以用最簡單的方式獲得，不必捨近求遠，不用奢侈花費，因爲知足者必常樂。精神上的快樂，是最深刻、最永恆的快樂，這種快樂別人奪不走、搶不去，卻能供你分享。

托爾斯泰：請記住，環境愈艱難困苦，就愈需要堅定毅力和信心。而且，懈怠的害處也就愈大。

人有不為也，而後可以有為。〈離婁下〉

人，要有所不爲，而後，才能有所爲。

禪宗有一句話：「大死一番，再活現成」，意思是說：我們必須歷經人生的大痛後，方能眞正理解生命的意義，必須死後復活，才能創造生命的價值。

喬伊斯在《一個年輕藝術家的肖像》裡有一句話：「喔！歡迎你，生活！我將與生命的經驗，作第一百萬次的互動，在靈魂的鎔爐裡，凝練出最純粹的自我。」如果能夠認眞生活，累積生命的精力與智慧，爲自己思索，爲自己戰鬥，爲自己開懷；學習如何愛自己，學習認識自己，生命的意義才能由此顯現。

當人因爲外在的壓力而套上厚重的面具、隱藏眞正的自己時，他便踏上丟棄靈魂、忽略內心世界的路途，這有如一種魔咒，面具般形影不離的魔咒，讓人永遠不認識自己，不了解自己。這種魔咒，可能來自別人，也可能源於自己，當我們還未凝聚出堅強的自我時，總有人喜歡提早斷言我們是怎樣的一個人，又或者，那個斷言者就是自己。若一個人眞誠地看見自我，與自己的內心世界完整溝通，便知道什麼適合自己，什麼不適合自己，知道什麼該做，什麼不該做，知道什麼不可爲，什麼可爲。

愛因斯坦：應該向那種人致敬，他一生樂於助人，不知害怕，他既無野心又無抱怨。具有這種素質的人，是我們的學習典範，從他們身上，人類在他們自己製造的苦難中獲得了慰藉。

君子深造之以道，欲其自得之也。

〈離婁下〉

君子依循正確的方法來掌握道理，這是他從自覺中所得到的。

東晉有位著名的書法家——王羲之。

王羲之，字逸少，琅琊人，他從小就因爲戰爭的關係移居會稽山陰，也就是現在浙江紹興一帶，王羲之出身於名門，是世家子弟，成年後任右軍將軍，又任會稽內史，所以後來被稱爲王右軍。據說，他七歲開始學書法，十二歲便能讀前人筆論，年幼時也隨當時的大書法家衛夫人學習，從小便名揚南北。成年後渡江遊歷，親臨名山大川，見到李斯、曹喜、鍾繇、梁鵠等著名書法家所遺留的書跡，又在洛陽看到蔡邕的《華岳碑》，開始覺得自己的不足，於是奮發學書，以至書藝大進。

他博採楷草之長，變漢魏淳厚之風，開創暢利流變之美，把草書推向全新的境界，王羲之的行草書最能表現出飛逸流動的藝術美，他的《蘭亭集序》便是書中神品，書勢遒媚勁健，流傳至今的有各種摹本和刻本。王羲之的墨跡能夠流傳到今日的十分稀少，大多只是仿刻本，著名的如《姨母帖》、《初月帖》、《平安帖》、《快雪時晴帖》等。王羲之的小楷有《樂毅論》、《東方朔像贊》、《黃庭經》等多種，因屢經傳摹翻刻，是否仍保存原貌也很難斷定了。

佚名：崇高的理想是一個人心上的太陽，它能照亮生活中的每一步路。

聲聞過情，君子恥之。〈離婁下〉

如果名聲超過實際的情況，君子會因此感到羞愧。

戰國時期，齊國有位喜歡音樂歌舞的國君，名叫齊宣王。他下令到各處去找尋善於演奏音樂的樂工以及善於舞蹈的伶人，然後組成了一支規模很大的歌舞樂隊。

不知爲什麼，齊宣王特別愛聽竽這種樂器所吹奏出的音樂，而且演出排場十分壯觀，每次總要動用二、三百名樂工一起吹奏，聲勢浩大。

後來，有個遊手好閒、不務正業的南郭先生知道這個消息，便想混進齊宣王的演奏班子。不過，他根本不會吹竽，便想著和數百名的樂工一起演奏，只要混在裡頭，假裝會吹的樣子充充表面，絕不會有人看出來的。於是，這位南郭先生加入了這支國君喜愛的樂隊。

每回樂隊演奏時，他就學著別人搖來搖去，有模有樣地吹奏，學得維妙維肖，也沒露出破綻，他在樂團裡廝混了好幾年，吃得好、穿得暖，好不快活。

後來齊宣王去世了，他的兒子齊湣王繼承王位。齊湣王也喜歡聽竽，但是，他不喜歡聽大型的樂團合奏，愛聽獨奏，便要求樂工們一個接著一個輪流吹奏給他聽。這下慘了，濫竽充數的南郭先生不知如何是好，眼看著馬上就要到國君面前演奏，卻明明不會吹，可能會被砍頭，只好連夜收拾行李，慌慌張張地溜走了。

佚名：每個人都是自己前途的建築者，理想即尋覓目標的思維。

由仁義行，非行仁義也。

〈離婁下〉

從內心的仁義出發，才是正途；而不是將仁義看成是一種行爲的手段、工具。

魯迅在《狂人日記》中痛批吃人的禮教，我們在人物中看見含諷的、惡意的嘲笑口吻出於所謂的正常人，這些正常人就是繼承優良傳統、維持仁義道德，具有根深蒂固封建階級觀念的、絕大多數的中國人；而慌然失措、憂心忡忡的狂人，在日記中記錄著一些新的、奇異的思想。由於傳統本身的軟弱，不願面對創新改革，而對新的思維採取了排拒與鄙視的態度，這種態度，仍源源不絕地漫流在今日的中國社會。

《狂人日記》裡的許多人物，分領出中國世界的各種束縛，其中的狂人他看見了世俗的框架，看見傳統的拖累，以精神異常的外衣，說出歷史、政治、社會中的不合理；而那些正常的人，有富人趙貴翁，依仗人勢的狗，都是壓迫人的象徵，而暗喻中國封建古老禮教的古久先生，從知縣、仕紳到衙役、債主，都是壓榨平民的角色，故事中的青年、兒童全憑著世代傳遞的觀念，不敢、也不願跨出禮教的門檻，寧可抱殘守缺、積非成是。

民初時期，一群知識份子站出來，反對禮教仁義變成壓迫人的工具，他們與腐敗的歷史傳統奮戰，企圖爲未來的中國人開創新的世界，魯迅便是其中一員。

史達林：只有偉大的目的，才能產生偉大的毅力。

夫謂非其有而取之者，盜也。〈萬章下〉

不是自己所有的而去強奪它，是強盜。

從前，在古印度一個小國中出現了五百個強盜，他們打家劫舍、殺人放火、無惡不做，百姓深受其害。於是國王派遣軍隊前來，在一場大火拼之後，五百個強盜全成了俘虜。國王決定將五百個強盜處以酷刑，於是，強盜們被捆在柱子上，割掉鼻子、耳朵，挖出眼睛，然後放逐到深山中。從此，山中傳出了鬼哭神號的慘烈聲音。

這樣悲慘的叫聲傳到了佛的耳裡，佛便用法力將他們的眼睛治好，並向五百個強盜說法，要他們洗心革面、棄惡向善。五百個強盜聽了佛的教化，便跪地膜拜，成了佛的弟子，百年以後，五百個強盜便修成正果，成爲我們熟悉的五百羅漢。

…………

蒙田：我極易在平坦的鄉間跌跤，就像一些馬匹常在最光滑的道路上有閃失。

…………

從其大體為大人，從其小體為小人。〈告子上〉

滿足身體重要器官需要的是君子；滿足身體次要器官需要的是小人。

在先秦時代，與孔子相對應的便是老子。據說老子自幼潛心苦讀，到了中年已經是名滿京師的學者，他曾做過周朝圖書館官員，使他能接觸許多學術著作，博取淬練，形成自己的思想。

老子的思想雖然與儒家的孔子相對，但兩者間並不一定是相違背的，在人類的追求上，老子主張追求眞正的幸福。因爲俗人往往把追求物質享受看成是幸福，以爲人能吃得好、穿得好、用得好就是幸福，但老子認爲，物質享受只能滿足人的感覺器官的需求，卻無法滿足人的精神上的需求。俗人只汲汲營營於物質享受，損害了做人應有的善良本性，如果身體的欲望太強大，人就會忘記自己樸素的本質、自然的天性，倘若絕大部份的人都失去良好的本性，那麼整個社會也即將崩潰。所以老子說，淡泊可以明志，寧靜可以致遠。明志而又致遠，則是人生最美好的精神境界，擁有清明如鏡的心靈，才是人生最大的幸福。

老子還認爲，世上萬事萬物都遵循著「物極必反」、「禍福相倚」的法則，任何事物一旦發展到極點，必定向相反的方面作出變化。因此，人生的禍福也是在輪流變換的。一個人要想避免禍患，就不要把福發展到極點，任何時侯都要謙遜忍讓，與世無爭。簡單來說，貪婪招禍，知足常樂。

…………

高爾基：現實只知道不屈不撓、頑強勞動所創造出的奇蹟，而現實的奇蹟總是比傳說中的奇蹟更宏偉。

…………

先立乎其大者，則其小者弗能奪也。

〈告子上〉

先樹立人的思考與善性，那麼，次要的欲望需求就不能奪去你的本質。

楊逵，本名楊貴，是個充滿人道的社會主義精神小說家。一九二四年，他東渡日本，進入日本大學學藝能科夜間部就讀，白天打工，當送報伕、泥水工，賺取微薄的生活費及學費，這樣的生活經驗是他著名小說《送報伕》的取材來源。楊逵於東京就讀期間，參與了許多勞工運動、政治運動。當時，勞工運動、農民運動在日本社會裡蓬勃展開，日本共產黨也剛剛成立，這些參與，促使他在思想上走入社會主義的脈絡。晚年他接受訪問時，曾自稱是「人道的社會主義者」，這樣的自稱，暗喻出他對社會主義的某些思想作為持著批判的態度。

在日治時代，楊逵因為參與許多社會運動，而有許多被捕的經驗，著名的竹山、朴子、麻豆、中壢的農民抗爭事件中，都看得見他的身影，日本警察對他已經是無可奈何；他的文學作品，可以說是產生於這些社會運動的縫隙中，因這些運動經驗和思想基礎，而有一種結實、蒼苦感。

他著名的作品《送報伕》是根據他在日打工的經驗而寫成的。內容描寫派報社老闆剝削、猙獰的面目，繳完保證金的送報伕，才知送報沒有酬勞，推銷報紙才有收入，使得送報伕們饑寒交迫，苦不堪言，最後，他們終於聯合起來對抗老闆，讓醜惡資本家妥協讓步。像這樣批判性的寫實主義風格，是楊逵站在受剝削、受壓迫的人民立場，帶頭對抗、據理力爭的吶喊，這種勇於對權勢者的不公義挑戰、不妥協，與當時臺灣文學的發展是並肩而行的。

果戈里：如果有一天，我能夠對我們的公共利益有所貢獻，我就會認爲自己是世界上最幸福的人了。

五穀者，種之美者也，苟為不熟，不如荑稗，夫仁亦在乎熟之而已矣！〈告子上〉

五穀是農作物中好的一類，如果它不能成熟，那價值還不如荑稗，仁的價值，也在於使它成熟。

九二一大地震讓許多臺灣人一夕間失去所有，失去家園、失去親人，許多人紛紛投入救援協助的工作，然而在資源分配的過程中，族群差異性的問題便呈現出來，使得支援工作更加困難。

今日的臺灣，雖是以漢人文化爲主體的社會，但原住民漢化程度不一，而且即使是漢人本身，也還分不同語言、不同的習性，再加上一九四九年到臺灣的軍人們，如此多的族群生活在同一塊土地上，彼此之間卻因爲缺乏瞭解而相互攻擊；若能互相瞭解，才能在尊重的基礎上共存共榮，重新建立新的共識，才能建造出新臺灣的面貌，結合眾人的力量，建立出「愛」與「分享」的價值觀，實踐「愛鄰舍」、「愛大眾」的精神，在臺灣這塊彩色多元的島嶼上，架構一份眞正的公平正義。

盧梭：只要把自愛的心擴大到愛別人，我們就可以把自愛變爲美德，這種美德，在任何一個人的心中都是可以找得到它的根柢的。

人恆過，然後能改。困於心，衡於慮，而後作；徵於色，發於聲，而後喻。〈告子下〉

一個人因為常做錯，才能改正；因為心境困苦、思慮阻塞，才能奮發創造；將心志表現在臉色上、表現在言詞中，才能夠讓人了解。

《我很叛逆，可是我很上進》是珍妮特．勃得的一部小說作品，內容記錄著五位青少年的生活情狀，他們有著不同的家庭、不同的性格、不同的思想，也因著這些不同，而步出了各自不同的人生。其中，一位十六歲的青少年馬修，由於交友不慎，沉淪於喝酒、嗑藥中，甚至錯手殺了人。雖然他並不邪惡，只是迷失了方向，但已鑄成大錯。他被關進少年監獄後，便開始自省、奮發圖強，努力讀書，申請大學。出獄後的馬修，展開了他全新的生活，品學兼優，奮力地踏出每一步。其實，只要活著，每天都是個機會，今日一定可以做得比昨天好，生命只有一遭，不要限制自己的可能性，要做所有你能做的，好好把握你所擁有的人生。

……

安徒生：希望之橋就是從信心這個字得來的，而這是一座把我們引向無限博愛的橋。

……

生於憂患，而死於安樂也。〈告子下〉

憂愁患難可以使人生存；安逸享樂足以害人至死。

現代社會發展迅速，人們的物質水準很高，人在這樣的情況下，可能會有吃苦的精神嗎？許多青年認爲生活品質已改善，不需要吃苦，應該好好享受安穩的生活環境才是。所以，有些年輕人害怕辛苦、四處跳槽，結果連工作都沒了，這就是現在的草莓族。

他們不僅自己搖搖擺擺，也造成家庭與社會的負擔。社會中雖不乏有志青年在工作崗位上努力，不過「十年寒窗無人問，一舉成名天下知」的喜悅已不是現代青年可體會的。

「天下沒有白吃的午餐」，愛吃霸王餐的草莓族們，可得先享受後付款喔！

巴爾德斯：把別人的幸福，當作自己的幸福，把鮮花奉獻給他人，把棘刺留給自己。

士窮不失義，達不離道。〈盡心上〉

知識份子窮困時不會違背仁義；發達時，不會捨棄道理。

元代在繪畫上有著名的四大家，四大家之首便是黃公望，字子久。黃公望原本姓陸，後因父母早逝，被永嘉一位姓黃的老人收養，笑曰：「黃公望子久矣。」便取名爲黃公望。

元代的繪畫在趙孟頫以後便確立了文人畫的方向，所謂的山水，不再是對於風景的客觀描述，而是畫家自己的心情意境。爲何會有這樣的轉變呢？這是因爲元代並不重視文人，尤其是漢族的知識份子更是不受重視，所以讀書人大多過著隱逸的生活，也有人是故意躲藏在山林間不願入仕的。

像黃公望或者倪贊、吳鎭、王蒙這類的文人，對儒釋道的哲學思想都非常透徹，因爲漢人多無法入朝，便在江南一帶往來、遊歷，才形成了元人山水畫淡遠荒疏的風格。其實，黃公望從五十歲才開始畫畫，繪畫對他來說，只是寄情述懷於筆墨之中，也因此，他的山水畫在元代四大家中才能開拓出平淡天眞的基調，不矯揉造作，回歸自然自在。

莎士比亞：在命運的顛沛中，最能看出人們的氣節。

夫君子所過者化，所存者神，上下與天地同流。

〈盡心上〉

君子經過的地方，便有人受到感化，而他所停留的地方，更引起一些潛移默化的作用，一位眞正的仁人君子，是與天地同化、與萬物同感的。

臺灣有名的雕塑家楊英風，多年以來，一直在努力推展臺灣的藝術領域。在雕塑藝術的世界裡，作品成爲觀者與創作者之間的橋樑，其中飽含了作者的關懷與熱情，如果美是一個藝術創作者心中最珍貴的禮物，那麼，在楊英風的作品中，觀者都滿載厚禮而歸了。

當我們高談闊論著如何建立臺灣本土文化的同時，試問：臺灣的文化到底在哪裡？難道只有原住民歌舞或者臺南小吃？楊英風認爲，文化就在你我的生活中，它是生活的智慧，我們吃的飯、穿的衣服、住的房子、看的電視，甚至於做人的態度、做事的方法、思想的方式等，在在都是文化的表現，美滿與幸福的生活，是人類所共同追求的，只有運用智慧去選取，甚至於創造最合適、最圓滿的生活藝術才能獲致，此乃一個高度文化所應具備的充分且必要的條件。

在中西交流、多元發展的臺灣社會中，西方科技與中國古老的審美意識成了生活文化的融匯處，中國文化淵遠流長，其中蘊含著中國人獨特的宇宙觀與人生觀，中國人對時空的觀念是無限永恆的，肯定天地人彼此共生，不可忽視宇宙，也不否定人自身的創造力。

對於自然保持尊重，進而認識人與人間的依存關係，調整出和諧的秩序。另外，中國的中庸之道以及推己及人的仁愛精神，都是中國藝術氣質的根本來源，這就是生活的藝術。孔子也提出「志於道、據於德、依於仁、游於藝」的說法。而六藝「禮、樂、射、御、書、術」便是生活的基本訓練，在禮、樂和諧，崇尚文藝的風氣中，便能「化戾氣而致祥和」，達到潛移默化的社會功用。

赫塞：有勇氣主宰自己命運的人，才是英雄。

雞鳴而起，孳孳為善者，舜之徒也；雞鳴而起，孳孳為利者，跖之徒也。〈盡心上〉

當雞一鳴叫，就起來努力行善的人，是像堯舜那類的人；而雞一鳴叫，就起來努力求名利的人，就有如盜跖一類的人。

今天的臺灣社會，傳承著以儒家思想爲本位的教育模式，但千百年來的世俗化與扭曲，使得以仁愛爲本的儒家思想成爲使社會溺於短視近利、現實冷漠的目的論導向，學問、知識、修養，不是爲了利濟人群、服務社會，而是爲了來日可得的財富、權位、聲名。「十年寒窗無人問」無所謂，只要「一朝成名天下知」，那一切的努力、付出便有了代價。

如果不幸，結果不如自己所預測的，又該如何呢？中國社會向來充斥著自私自利、勾心鬥角的心態，重權謀、耍手段的事件早已見怪不怪，難道是我們把儒家思想給荼毒了嗎？

當人類汲汲營營於名利到達一個極端，便會出現另一種極端主義，那是及時行樂的享樂主義，表面上他們顚覆舊有的倫理道德，放浪不羈，崇尚個人自由；但骨子裡卻普遍存在對未來的不安全感，是迷失的一群，他們其實是重物質乏精神的社會下的受害者。

當名利成爲判斷人的價值的唯一標準時，那麼，在名利中的人便緊緊抓住名利絕不放手；想要擁有名利的人，便不擇手段，巧取豪奪；而想要卻無力去取的人，只好表面上厭棄名利，背地裡暗暗飲恨。然而，有哪個人在嚥氣的那一刻，能把名利一塊兒帶走？

…………

《聖經》：你爲自己圖謀大事嗎？不要圖謀！我必使災禍臨到凡有血氣的。但你無論往哪裡去，我必使你以自己的命爲掠物。這是耶和華說的。

…………

形色，天性也。惟聖人然後可以踐形。

〈盡心上〉

人的外在容貌是天生的，只有聖人能以內心之善去美化外在的面貌。

愛美是人的天性，希望青春更是每個人的夢想，的確，無論在事業上或任何社交場合，姣好的外貌與體態確實能微妙的獲得較好的機會。那麼，何謂「美」？一般人常以「美」去稱讚事物，如美酒、美女、美事、美貌等。如果細問「這件事物何以是美呢？」大多數的人會說：「因爲它令人感覺很愉快。」

令人感覺愉快便是美嗎？也許是，也許不是。倘若引起這種愉快心情的僅限於外在，就不全爲「美」，有些只是快感而已；眞實的「美」是從內心到外在所產生的明確的愉悅之感。愛倫波認爲：「美是一種品味」。這種品味會因爲人所受的教育與刺激而有所不同，尤其是現代人受到許多資訊衝擊，如報紙、電視、電影、廣告等，因而對美的共鳴也有差異。

內在的美是什麼呢？有人說是「心靈簡單寧靜」，簡單心靈就是美嗎？確實可以這麼說。愛琳．詹姆絲的《心靈簡單就是美》便提出了這樣的看法，她認爲，如果我們可以把人生的注意力由外在的物質享受轉向內在的精神領域，除了能解放快樂、自我肯定、克服恐懼、以愉悅處世外，還能讓人們擁抱眞實的自然山水，在自然中獨處、閱讀、靈修、學習，進而懂得關愛、寬恕、感恩。

唯有內在心靈的寧靜、清明，才能獲得眞正簡樸、別緻的品味，以喜悅的心情來面對每一天；有欣喜的心情，便有愉悅的面容，而後才有美麗的笑靨，這就是最美的。

卡夫卡：想依藉外在的手段而獲致自由的那種錯覺，是一種謬誤、一種迷惑、一片只見恐懼與絕望孳生的荒漠。這是無可避免的，因爲任何具有眞實價值而永恆的東西都是發自內在的，人不是由下向上頂生，而是從內往外茁壯的，此乃生命中一切自由的基本條件。人終生奮鬥，鍥而不捨，所執著的只是一種態度，一種對自己及對世界的態度，而非去營造一個社會環境。這就是人自由的條件。

君子引而不發，躍如也。中道而立，能者從之。

〈盡心上〉

君子有如一位高明的射手，張滿了弓卻不出箭，作出躍躍欲試的樣子；因爲他站在道路之中，有能力者便跟隨而來。

古代中國對於一位知識份子的要求是具備「禮、樂、射、御、書、術」的能力，這六種基本的能力，被稱爲「六藝」；所謂的「射」指射擊，是一種身體的操練，「御」是駕御馬車，它們可以說是古代的體育訓練；不過，它們也符合了時代的需要，射箭和駕御馬車、馬術是先秦軍事訓練中的重要項目，在春秋戰國時代，還出現了「導引術」、「吐納術」等體育事項，爲的是訓練呼吸以保持體魄，以達到健身、防治疾病的效果。

長沙馬王堆（利倉夫人墓）出土了一幅西漢帛畫，名叫《導引圖》，其中描繪許多不同性別和年齡的人，做直臂、下蹲、收腹、踢腿、彎腰、深呼吸等動作，可以證明在二千多年以前的漢代，中國已經有了基本的健康體操；東漢名醫華佗創立了「五禽戲」，是一種充實體魄的健康運動，後來又出現了《八段錦》、《易筋經》等。到了明清時代，中國傳統封建的社會結構發生大動盪，在戰役或戰爭中，中國武術得到了進一步的發展，在史書上介紹的各種拳術、操練術，漸漸流傳廣泛，成爲中國別具一格的武俠世界。

在許多武俠作品中，我們可以看見所謂君子的面貌，從《三國志》、楊家將、《七俠五義》、《水滸傳》到大家最熟悉的雲州大儒俠史豔文，都是清楚的典型；由此可知，中國的俠義精神其來有自，遠傳自古早儒家的體育精神。

…………

孟德斯鳩：勇於求知的人絕不至於空閒無事。

…………

可欲之謂善，有諸己之謂信，充實之謂美，充實而有光輝之謂大，大而化之之謂聖，聖而不可知之之謂神。

〈盡心下〉

一個人值得讓人喜歡，便是善；那些善眞實地存在他身上，便是信；那些善充滿於他身上，便是美；不但充滿，而且光輝地表現出來，便是大；既然光輝已表現出來，已能融會貫通，便叫做聖；聖到了不可探測的境界，便叫做神。

古人說「溫潤如玉」，是指玉的體態質感、溫善暖和；玉也常拿來形容人的質地，一個人爾雅溫文，也常被稱爲「溫潤如玉」。古人賞玉講究六德，即「溫、潤、細、膩、凝、結」，又說，溫如蘊玉，有寶氣；潤如石裡生泉；細綿緻如嬰膚；膩如肌裡油溢；凝明澈如鏡，富光澤；結實如鐵，密度高。賞玉有如此高標準，那麼，觀人呢？

著名學者朱自清先生可說是「玉」的典範了。怎麼說？有一兩件關於他的趣聞。

有一是說，清華大學的學生們不把他這個國文系主任當回事，有回一個學生在圖書館找不著書，竟打電話到朱先生家中，要他到圖書館裡幫著找。又有一說，朱先生的課比較枯燥，只有三人選修，到後來只剩下一個人，這個人恰是有傑出成就的王瑤先生，有這樣的弟子，可說欣慰，但問題是，要是王瑤一生病，那課可就上不成了。這兩件趣聞，不知眞假，姑且聽之。作爲清華大學的國文系主任，朱先生提出了「中西融會、古今貫通」的看法，並且成功地付諸實行，中國在三、四〇年代人才輩出，朱先生的理念影響深大；另一方面，他篤學、謙和、樸厚、博雅的氣質，豈不像極了「溫柔敦厚」的玉之典型。

「溫潤如玉」是對君子的美稱，它的意思是智者不惑、勇者不懼、仁者不憂的精神在這個人身上體現，形成一種溫暖的光芒，使親近者也能感受、體驗。

…………

居里夫人：如果能追隨理想而生活，本著正直自由的精神、勇往直前的毅力、誠實不自欺的思想而行，則定能臻於至美至善的境地。

…………

養心莫善於寡欲，其為人也寡欲，雖有不存焉者，寡矣；其為人也多欲，雖有存焉者，寡矣。

〈盡心下〉

修養心性的方法最好是減少物質欲望。一個人的欲望不多，那善性縱使有所喪失也不會多；一個人的欲望很多，那麼，善性縱使有所保存，也是極少的了。

一日，釋尊與眾弟子在山林中落座，身旁有野鶴飛過，數隻白虎也在石崖上休憩，細聽釋尊講話。有一俗人路過，便問釋尊爲何修養身性的人總顯得如此平靜，並洋溢著喜悅的光輝？釋尊回答：「他們不爲過去的事悲傷，不汲求還未發生的事，當下對他們而言是足夠的，因此，他們會顯得喜悅洋溢。不追求未來，也不爲過去而神傷，就不會像砍下來的蘆葦般逐漸枯萎。」

那人又問：「爲什麼人經常爲自己的健康、名聲及財產煩心？」釋尊說：「人總想掌握千變萬化的事物，結果愈是擔心未來，愈對生活失去信心。」「那，身爲一個人該怎麼辦呢？」那人問。「一個老是想改變生活現況的人，無法領悟何謂平靜安寧的心。」釋尊回答。

「如何能有平靜安寧的心？」

「修行。」

「修行？」

「是。努力行善，禪定滌心，盡力修持。如此一來，不良的影響可以減少，而得到寧靜就更容易了。因爲，沒有一顆星星是值得信賴的，也沒有一盞領航的燈；修行的人只知道要善良、公正、正當，勿循原路回頭尋求過去，珍惜尚未到來的將來；有洞察力的人可清楚看見當下就是此處、此刻，如此的智者求取成就，遇任何事均不曾迷惘或動搖。與其浪費精力擔心將來，不如把握此刻可以做的事，充分發揮潛能。因爲，現在是過去的孩子、未來的父母。」那人低頭沉思了一會兒，然後拜別釋尊往山林的出口前去。

…………

霍布斯：意志並不是和欲望及厭惡不同的東西，不過是發生衝突的情況中最強的欲望或厭惡罷了。

…………

卷三

觀人的智慧

要了解一個人的思想，
不能看他說什麼，而是要看他做什麼。

——以撒・辛格

顧左右而言他。

神色不安，左右張望，說些與原先話題不相干的事情。〈梁惠王下〉

當齊宣王以理所當然的想法回答了該如何懲處不能勝任職務的官員後，孟子循序漸進的追問他：「那麼一個國家的政治一片混亂，又該如何處置呢？」孟子的言下之意，就是要齊宣王負起治理國家不彰的責任。然而，齊宣王卻只是左看右看，把話題給轉移了。

齊宣王的反應，其實就是一般人在面對自己的過失時不願負責，或想隱藏自己眞實想法時的反射動作。現代心理學已經證實，思想與肢體動作有著必然的關係。當一個人心虛時，就會有一些特定的肢體語言，而當一個人內心坦然時，又會有另一種肢體動作。「顧左右而言他」就是一個人心虛時典型的反應模式。一個人如果在內心的深處無法接受自己的行爲，又沒有勇氣承認自己的過錯時，只好將頭埋進夢想的世界，當隻逃避現實的鴕鳥。因此，在面對到自己逃避或不願回答的問題時，「顧左右而言他」就是最佳的選擇了。

演藝人員與政治人物是最擅長使用這種策略的。我曾看過記者詢問一個參選人如果當選了將如何振興地方經濟，他卻回答：「他是一個最孝順父母、友愛兄長的好人。」像這樣答非所問，就是爲了迴避眞正的問題。然而，能夠躲得了一時卻躲不過一世，如果只是不斷地逃避自己，不斷地使用這種伎倆，一旦讓「他」成爲自動的機制，就切斷了自己和內在感覺的連結，久而久之，就再也找不到自己眞實的面目了。

話雖如此，在有意識的使用下，「顧左右而言他」也不失爲保護自己或減少困擾的好方法。記得我上高中時，班上曾有位美麗可人的單身女導師。正值年少的我們，對於男女之間的情事有著無限的好奇與嚮往，因此對導師的感情世界也相當感到興趣，不時向她詢問情感的動向。每次，她總是淡淡地說一句：「放心！考試不會考。」至今我回想起她當時的表情，只依稀記得那抹帶著淡淡憂傷的微笑。許多年過去了，而我，對於她臨場的智慧，還留著深刻的記憶。

…………
培根：就像惡劣的品質可以在幸運中暴露一樣，最美好的品質也正是在厄運中被顯示的。
…………

詖辭知其所蔽，淫辭知其所陷，邪辭知其所離，遁辭知其所窮。〈公孫丑上〉

對於偏頗不公正的言論，可以知道它的片面性；對於不合乎正道的放蕩言論，可以知道它的沉溺性；對於偏離正道的邪論，可以知道它的歪曲性；對於閃躲偏離主題的言論，可以知道它理屈的所在。

《論語．堯曰》說：「不知言，無以知人也。」因爲言語是思想的表達，只要知道一個人言辭的毛病，就可以找到他思想上的漏洞。因此，「知言」就是「知人」的第一步。那麼，要怎麼去「知言」呢？孟子提供給我們非常精闢的觀察——言論的一般毛病有偏頗的片面性、放蕩的耽溺性、不公正的歪曲性和辭窮時的理屈性。

當這些情形發生了，我們就可以判斷出人們談話的內在動機不純正。因此，我們可以及時提醒自己，保持警覺，看清楚對方的問題所在，不至於被他們不眞實的言論誤導而產生錯誤的判斷，鑄成不可挽回的後果。

孟子這些檢測言論的標準不僅適用在即時面對面的交談，同樣的，也可以用來檢驗我們日常生活裡接收到的所有訊息。就以轟動一時的「偷拍光碟」事件爲例，將一個人最隱私的生活暴露在大庭廣眾之下，卻宣稱「大眾有知的權利」的傳播媒體，是否眞的主持了所謂的正義？明明知道窺人隱私是不道德的行爲，卻又以當事者私德問題當作自己觀看影片的理由，是否又眞的問心無愧、理直氣壯了？

我們身處在這個傳播媒體氾濫的時代，每天曝露在大量的訊息下，如果沒有能力將這些訊息加以過濾、觀察判斷，往往就被其中與事實不符、甚至惡意抹黑的消息所誤導。然而，不能察覺別人發出訊息的動機，不知不覺被訊息催眠，盲目地去跟隨時代的惡習，讓自己陷入一片無所依從的混亂裡，找不到人生的方向，幾乎成了現代人成長的必經之路了。

車爾尼雪夫斯基：凡是對一切都覺得滿意的人，這個人就不會做出什麼善事，因爲對邪惡不感到痛恨，就不可能有善，要是這個人沒有人去憎惡他，也就不會有人去感激他。

無處而餽之，是貨之也。焉有君子而可以貨取乎？〈公孫丑下〉

沒有理由而贈送財物給人，是想藉由財物來賄賂收買別人。難道君子能夠用金錢禮物來收買嗎？

「天下沒有白吃的午餐」，想要得到任何東西，都要付出一定的代價。孟子對事情的觀察可說是洞然於心。因此，他在宋國臨行前坦然接受他人贈送的「路費」；在薛國接受他人贈送的「自衛之費」；在齊國時卻堅持不接受高額的贈金，只因爲對方是在毫無理由的情況下贈送財物，想要收買賄賂孟子的意圖已經昭然若揭。如果在這樣的情況下孟子接受了贈金，以後在齊王的面前，他就再也不能抬頭挺胸、理直氣壯地捍衛自己的眞理了！

這個故事，讓我想起了一段往事：小時候家父擔任公職，有一段時期由於職務所需，常與民間廠商接洽公務。有一次，一個家父曾幫助過的外地人寄來了一盒包裝精美的餅乾。我由於嘴饞吵著要吃餅，母親開了包裝，赫然發現裝著一整疊鈔票的紅包。當時，父母親的表情都很凝重。家父看了紅包一眼，馬上打電話連絡那個外地人，對他的行爲表達了不滿，堅持問到對方的銀行帳號，第二天馬上就把錢匯回去給他。

我還記得，當我香甜地吃著餅乾時，父親摸著我的頭，嚴肅地看著我說：「人格是不能用錢買到的！」整個事件就濃縮成這句話，深刻地植入我稚幼的頭腦。

長大後，每當有人沒有任何理由或帶著目的的要送我禮物時，我就會想起這句話。然後，提醒自己「吃人的嘴軟，拿人的手短」，不要爲了一點點好處，就讓自己直不起腰來。孔子說「無欲則剛」，說的也就是這個意思了，因爲，一個眞正的君子是絕對不會被物質、權力所困惑，進而迷失掉自己的。當然，朋友之間互相餽贈、眞誠地分享自己生活所有的事物就絕對不在此限。愛必須是一種流動，知己難求，請好好珍惜聚首的情緣，盡情地敞開自己，接受朋友的祝福與喜悅吧！

…………

高爾基：在小事情上也應該感到自己是個頂天立地的人，要學會做到這一點。

…………

志士不忘在溝壑，勇士不忘喪其元。

〈滕文公下〉

一個胸懷大志的人隨時都有被棄屍在山溝的心理準備；一個勇敢的人也隨時都有丟失腦袋的心理準備。

在新儒學大師牟宗三、徐復觀、張君勱和唐君毅等諸位先生所合撰的〈爲中國文化敬告世界人士宣言〉一文中曾說：「志士不忘在溝壑，勇士不忘喪其元，都是要人把死之問題放在面前，而把仁義之價值超過個人生命之價值凸顯出來。」這段話眞正地傳達出儒家思想的精髓。

孔子、孟子所教授的，絕對不是一種外在附加上來的，或早已作古的「知識」，他們人格眞正的光彩，就在於他們一生都努力地「以身證道」，用自己的生命去證明心中的眞理。儒家的思想，不是一種能夠學習的知識，相反的，它是一種生命的智慧，只能在生活中親身去經驗。唯有不斷地在生活中驗證，一個人才眞正能夠知道孔子、孟子不斷強調的「君子」是活在怎樣的生命境界裡。

人活在世上，唯一眞正的恐懼就是死亡。當一個人連死亡都能夠安然地接受時，就再也找不到任何辦法去控制他了。一個全然依據自己內心眞理來生活的人，隨時都有爲了眞理犧牲生命的準備。如果你能認出這樣的人，請不要猶豫地接近他，去感受眞實生命帶來的強度。

然而，也請不要誤解孟子的這句話！孟子強調的是聽從來自內心的聲音行事，並非強調以激烈的手段去與人抗爭，更不是要人盲目地爲了某種外在附加的信念去犧牲生命。只有當你聽從的是眞正來自內在的眞理時，你才能眞正地爲你自己的人生負責任。如果，你迷失在外在事物的激情，就很可能被有心人士所利用，不知不覺地「假眞理之名而行罪惡之實」了。

君不見馬克斯主義對全人類的禍害，或類似「九一一美國遭受恐怖份子攻擊」的事件，就是有心人士利用年輕人盲目的激情所造成的悲劇呀！

布萊克：修鑿可以使道路平直，但只有崎嶇的、未修鑿的道路，才是天才的道路。

枉己者，未有能直人者也。〈滕文公下〉

一個自身行事不正的人，從來不可能讓其他人行事正直。

處身在步調緊湊、高度競爭的現代，如何讓自己能夠在眾人之中順利脫穎而出，得到展現才華的機會，是每個人都關心的議題。然而，現代人大多缺少按部就班紮下厚實基礎的耐性，抄捷徑走後門就成爲自古到今不變的陋習。

很多時候，在我們心底或許會閃過這樣的疑問：「只要我能夠得到機會展現胸中的志向，又何必在乎過程呢？」然而，不願循序漸進遵行正道，不拘小節只求達到目的，眞的就能夠成就大事嗎？孟子並不這麼認爲。陳代勸孟子在小節上委屈一點去會見諸侯，以求得更大的機會來施展自己的理想與抱負。孟子就以王良拒絕爲趙簡子的小寵臣駕車的事情，來說明行事符合正道的重要性。

所謂「以小見大」，在小地方行事不能遵循道理的人，又怎能期待他在大事情上符合道義？何況自己所做的事情都不符合自己內心的「標準」，一旦「落人口實」，又要怎麼去要求別人行事正當呢？就算沒有人知道自己曾做過什麼事，也無法欺騙自己的良心啊！

試問：貪小便宜的父母要怎麼教導子女「無欲則剛」，不要被物質困惑？經常對小朋友言語暴力的老師，要怎麼教導小朋友「尊重他人」？言教不如身教，父母老師們往往拿著高標準的道德來衡量小孩的作爲，卻忽略了自己爲人處世時的行爲偏差。年輕的一代在從小耳濡目染下，對父母師長的行爲看在眼裡也難免起身效尤。社會的亂象，成爲年輕一輩違背自我期許、做出不符合內在安寧行爲的藉口。人人都將責任拋到外界去，彷彿自己的所作所爲都不應由自己負責似的。所謂「上樑不正下樑歪」，在這樣的惡性循環下，社會的公理與正義，居然成了少數具有使命感的知識份子「不切實際」的「大夢」。

而那些告訴自己「妥協」只是爲了完成更高理想的人啊！千萬不要忘記了，錯誤的第一步，永遠只會導向錯誤的結果啊！

…………

克雷洛夫：發不了財的，升不了官的，都要埋怨命運不好。然而，仔細想想吧！過失還是在於你自己。

…………

胸中正，則眸子瞭焉；胸中不正，則眸子眊焉。聽其言也，觀其眸子，人焉廋哉！〈離婁上〉

一個人的心地光明磊落，眼睛就會光亮；心地不光明磊落，眼睛就會混濁無神。聽一個人說話的時候，只要觀察他的眼睛，人心的美好或醜惡怎麼能夠被隱藏住呢！

現代心理學研究發現，眼神和談話之間有一種同步性，一個人內心的想法與感情的起伏，總是自覺或不自覺地從不斷變化的目光中流露出來。

《人體秘語》一書的作者毛禮斯曾對人類的眼睛下這樣的定義：「它直徑大約二．五公分，卻是從石器時代以來就有的最複雜的電視攝影機。」眼球的活動、瞳孔的變化都直接受到腦神經的支配，所以人的感情很自然地就反映在眼神的流轉裡，人無法自主地控制瞳孔的變化，因此，瞳孔的放大與收縮，眞實地反映出內心複雜多變的活動。由此可知，俗諺「眼睛是靈魂之窗」的確是其來有自的。

金庸武俠小說中的女子形貌，多是異於常人的美貌，只有一個「程靈素」是眾多美女中最貌不驚人的，然而她爲了胡斐犧牲生命的深情卻感動了許多讀者。讓人印象深刻的，除了她「情到深處無怨尤」的痴心外，她那處變不驚、足智多謀的形象也讓人稱奇。而金庸在描寫這樣的角色時，就是透過不斷地強調她那雙精光四射的美麗眼眸來呈現。

眼神是觀察一個人心術邪正的有效利器。一個眞誠與你對談的人，他的目光必定端正，直視你而不會有任何逃避。如果一個人面對你時有任何心虛或欺騙的意圖，你只要凝視他的眼睛，聽他說話，就可以感覺到他侷促不安的緊張了。

奥維特：沉默的眼光中，常有聲音和話語。

恭者不侮人，儉者不奪人。〈離婁上〉

內心眞正對人有禮貌的人，不會去侮辱別人；生活眞正儉樸的人，不會去掠奪別人的財物。

北宋著名的大才子蘇東坡有一則軼事：

相傳蘇東坡喜愛遊覽名勝古蹟、與人暢談佛理。有一天，他來到一座古寺，聽說這座古寺的住持是一個精通佛法的高僧，於是興味盎然地去拜訪。誰知道「見面不如聞名」，古寺的住持看見東坡穿著簡樸貌不驚人，於是不客氣地叫來人：「坐！」回頭對小和尙喊：「茶！」眉目間的冷淡之意就更不用說了。

住持和東坡相談片刻後，驚覺此人談吐不凡，於是對來人改口：「請坐」，要小和尙「敬茶」。等知道眼前這個看來普通的人就是聞名天下的大才子蘇東坡時，住持立刻殷勤招待，不但請蘇軾「上座」，還讓小和尙「敬香茶」。東坡一直看在眼裡，對老和尙的改變洞然於心。於是當老和尙央他爲寺廟寫幅對聯時，他也毫不遲疑，大筆一揮寫就：

坐，請坐，請上座；

茶，敬茶，敬香茶。

老和尚一見，羞窘至極，對自己的「勢利眼」簡直無地自容。

我們姑且不論這則軼事的眞假，但整個故事卻深刻地諷刺了那些趨炎附勢，以功利爲價值標準的眾生嘴臉。一個人如果眞的尊重身爲一個人存在的價值，絕不會以侮辱他人爲樂，即使面對的是在社會價值標準下弱勢無助的族群，也不會有高人一等的優越感。

《哈利波特》第四集中，天狼星對榮恩說：「你若是想了解一個人的爲人，就應該好好去觀察他是怎樣對待地位比他低的人，而不是只去看他如何跟同等地位的人相處。」這句話充滿了觀人的智慧，也值得我們深入去體會。

培根：美德有如名香，經燃燒或壓榨而其香愈烈，幸運最能顯露惡德，而惡運最能顯露美德。

人之易其言也，無責耳矣！

〈離婁上〉

一、一個人如果輕易地把什麼話都隨便說出口，那就不值得去責備他了！

二、人之所以會輕易地隨便說話，就是因為他還沒有遭受過講錯話的責任啊！

大家一定都聽過一個小故事，那就是「放羊的小孩」。故事中，一個放羊的孩子因為整天在草原上放羊，看著羊兒吃草，自己卻無事可做。也許是因為寂寞，也許是因為無聊，有一天他突然想到一個引起人們注意的方法。於是，他假裝野狼來襲擊羊群，大聲叫著：「狼來了！狼來了！」許多村民就這樣被他欺騙，緊急地放下手邊的工作匆匆趕來。一次、兩次、三次……村民終於確定自己被愚弄了，到了最後，當野狼眞的來襲時，已經沒有人願意相信放羊的孩子。故事的最後，放羊的孩子終於知道了說謊必須付出的代價。

放羊的小孩為了得到人們的注意，居然選擇了這種輕率的方式，看在我們的眼裡，實在覺得難以理解。其實，就是因為他不懂得出口的語言代表著一個人的人格，也從未嚐過失言的後果啊！然而，當一個人經常輕易地說出不實在的話語，旁人就不會再眞的將他的話放在心裡。大部份的人在面對一個說謊的「慣犯」時，根本就不會再去相信他的話，即使明知他又胡說八道，也多是置之一笑，連去責備他都嫌多餘了。

「君子一言，駟馬難追」，人與人的交往最重誠信，出口的話語正代表著一個人的品格。所謂「一言九鼎」，如果只求一時之快，隨意開出根本無法兌現的「支票」，一旦「跳票」了，他人就很難相信你了。回想一下，每到選舉期間，候選人爲了爭取選票，漫天承諾當選後的政見，一旦當選後，所作所爲眞的如他選前政見的人，眞是少之又少。一旦有心人士去搜集資料，比對他們的「政績」與「政見」，只會徒留他人茶餘飯後的笑柄。

「沉默是金」，如果無法對自己的話語負責任，還不如依循著老祖宗的智慧，保持沉默，多做少說吧！

…………

伊索：說謊話的人所得到的，就是即使說了眞話也沒有人相信的結果。

…………

人之患，在好為人師。〈離婁上〉

一般人的通病，就是喜歡做別人的老師。

我曾在一位朋友「動手印版畫」的活動中擔任助手，對小朋友講解傳統版畫的印製過程，並協助小朋友實際動手印版畫。會場中有許多家長或老師帶著小朋友來參加活動。

讓人感到驚訝的是，當小朋友聽完講解開始動手印製時，一旁的大人有一半以上會立即糾正、批評起來，而很多大人們的糾正與指導，都只是想當然耳的想法，反而誤導了小朋友實際上的學習。這個經歷讓我覺得有趣，回頭檢討自己後，才發現自己也是孟子口中「好爲人師」的一份子，在許多場合裡，也喜歡藉由教導別人來凸顯自己的重要性。

我想起一句小學生曾經用來嘲笑被他們視爲跟不上時代的過時流行語——沒有知識，也要有常識；沒有常識，也要看電視。細細品味這句話，才發現隱藏在幽默的字面下，是現代人對大量資訊消化不良的焦慮，而這種對吸收知識的渴求，有很大一部份是建築在想要比別人更出色的欲望下。

其實知識除了實際的功用外，根本無法證明一個人的價值，人即使窮盡一生，也無法學到所有的知識。莊子說：「吾生也有涯，而知也無涯。以有涯隨無涯，殆已。」就是這個道理。一個人如果拿外在的知識來證明自己的價值，就好像在沙灘上堆城堡，海浪打來，所有的努力就化爲烏有，別人也不會眞心看重你。

人與人的相處，最珍貴的就是能夠互相尊重，如果帶著一種優越感，想要把自己的知識或價值觀灌輸給別人，最終只會引起別人的反感罷了。每一個人都希望自己是有價值的，希望得到別人的注意，但是當我們站在別人的舞臺上，卻處處想要凸顯自己的光芒時，就只是一種自私的行爲了。我選擇和生命中相逢的每個朋友分享自己的經驗，同時也虛心地學習他們的智慧，聰明的你呢？

盧梭：最盲目的服從乃是奴隸們所僅存的唯一美德。

言無實，不祥。不祥之實，蔽賢者當之。〈離婁下〉

說話沒有實質的根據，是不好的事情。像這樣造成不好的後果，一定是掩蓋賢者之善的人要承擔的。

孫奭解釋這句話說：「人之言無實本者，乃虛妄之言也，以虛妄之言言之，則或掩人之善，或飾人之惡，爲人所惡者也，故其爲不祥莫大焉，不祥則禍是矣。」也就是說，一個人如果說話沒有根據，就是虛妄的言語。所謂虛妄的言語，不是掩藏了別人的善行，就是把別人不好的行爲加油添醋地宣傳。像這樣的說話方式，一定會造成不好的後果。如果就是因爲這些不實的言論掩蓋了賢良人士的善行，都是那些胡亂放話的人要負責任的。

不可否認的，每一個現代人生存在社會中，無時無刻都處在一種高度競爭的緊張中。人與人在一起，總是有意無意的藉著比較來證明自己的價值。同儕之間的競爭最是一種微妙的關係，既有相知相惜的眞心，也有客觀現實環境的比較。加上每個人的際遇不同，在不知覺的情況下，許多羨慕、嫉妒、自憐……等五味雜陳的心態，就成爲暗地裡左右人言行的隱藏動機了。於是許多爾虞我詐、暗地裡放冷箭的行爲，在職場或者是任何有利益衝突的環境中，就成爲隨處可見的平常戲碼。

我們在現實生活中，最害怕遇上的就是講話不負責任的人。我曾認識一個朋友，剛開始我是被他許多所謂的「內幕」消息吸引，從他的嘴裡，我知道了身邊許多朋友不爲人知的另一面，因此開始對人性產生深刻的懷疑。對那些被他點名提到的人，我總是戴著偏見的有色眼鏡，無法眞正去信任。奇怪的是，好幾次我都看見他和那些他嘴裡提及的自私自利、毫無感情的人談笑自若，毫無芥蒂。久而久之，我才發現，原來別人從他的嘴裡認識的我，也是刻薄寡情的人物。

史上有名的民族英雄岳飛就是犧牲在秦檜不負責任的言語裡，秦檜說盡了岳飛的罪惡，卻仍無法掩飾自己的醜陋。說人是非者，就是是非人，說話，眞的不可不愼重吶！

…………

高爾基：正直的人應該記著，不太識字的人是很容易犯錯誤的。

…………

恥之於人大矣，為機變之巧者，無所用恥焉。

〈盡心上〉

羞恥心對於人來說是最重要的！喜歡奸巧多變的人，就沒有地方用得上羞恥心了。

每個人的心裡，都有對自己的一份期許，活在內心裡的那個自我形象，就是一個人在外在世界爲人處世的全部標準。對一個以君子自許的人來說，唯有不斷地看到自己內心對外在事物的眞實反應，才能夠眞正了解自己，進而接受、修正自己，讓自己與心目中那個理想的形象漸漸接近，最終達成融合爲一的境界。

在這樣的進程裡，羞恥心扮演了一個重要的角色。羞恥心是一個人外在行爲不合宜的內在警示燈。當一個人感覺到羞恥，人的心就無法安在，唯有將感到羞恥的外在因素去除，心才能夠再次得到平靜。因此，孟子以爲羞恥心對一個人來說是最重要的。

但對於那些爲了達到目的無所不用其極的人，羞恥心對他們來說根本就派不上用場。這樣的人，早已失去和自己內心的聯結，迷失在物慾橫流的外在世界裡，腦子裡除了對名利的追逐之外，再也容不下其他。許多政治人物，原本是懷抱著滿腹理想要爲民喉舌，以提高人民生活品質爲己任，然而卻在複雜多變的人事傾軋中漸漸迷失初衷，成爲權勢物慾的奴僕，早已不知羞恥爲何物了。之所以會造成這樣的結果，多是因爲太執著——過份地把權力、位置與自己的存在價值認同，也就難以淡然地看待人生際遇的變化。

《論語》曾提過令尹子文三仕不喜，三已不慍的故事。像這樣上臺爲官沒有特別雀躍之情，下臺辭官也沒有懊惱之色，能夠達到這樣的修養，比照芸芸眾生的樣貌，的確是非常難能可貴。

試問那些爲了求得所謂的成功不惜扭曲自己的人啊！午夜夢迴，夜深人靜之際，對於自己生存的樣貌會不會感到悲哀呢？

……………

伊索：天生要做壞事的人，如果找不到漂亮的藉口，就會明目張膽地去作惡。

……………

於不可已而已者，無所不已；於所厚者薄，無所不薄也。其進銳者，其退速。〈盡心上〉

把不得不做的事情都停止了，那就沒有什麼事情不會停止；對於應該厚待的人都輕易對待，那就沒有人不會被輕視了。前進太快速的人，退縮也會很快速。

在民間演義中，包青天斷案的故事幾乎是家喻戶曉，其中第一負心漢——陳世美的故事更是眾所皆知。

戲劇中，陳世美爲了追求功名利祿，連糟糠之妻與親生的血肉都可以離棄，並且還要趕盡殺絕。這樣令人髮指的舉動等於是宣告自己的人格破產，不管最後的下場再怎麼慘，也無法博得人們的同情了。像陳世美這樣爲了求得順遂的前程，連對最親近的妻兒都能夠不念舊情，那麼這世上還有什麼人可以得到他的眞情呢？

還有一些人，開始做事情時總是信心滿滿，拍胸脯向人保證自己絕對可以勝任愉快，等到事情進入重要關頭時，才用一些無關緊要的事物當藉口，硬生生地將事情停擺不願意繼續進行。像這樣無法面對現實的人，做任何事情都有可能半途而廢。

許多事情都有自己的順序，要完成一件事情，通常都要經過一定的時間才能發展出特定的結果，「水到渠成」說的就是這個道理。因此，做事除了決心之外，耐心也是成功與否的關鍵。那些一開始熱情過了頭的人，冷卻的速度也比其他人更快。孟子告訴我們任何事情都有一定的道理，待人處事如果不能符合人情事理，到最後終究只有失敗一途。

…………

大仲馬：開發人類智力的礦藏是少不了患難來促成的，要使火藥發火就需要壓力。

…………

好名之人，能讓千乘之國，苟非其人，簞食豆羹見于色。〈盡心下〉

一個喜好不朽之名的人，能夠把擁有千乘兵馬的國位讓給別人，然而若原本並不是輕視富貴的人，只是要他讓一碗湯飯，也會表現出不愉快的神色。

中國禪宗始祖菩提達摩來到中土時，正值南朝梁武帝在位。梁武帝一生篤信佛法，登基後佈施天下僧眾、建廟、寫經、造佛像……對於弘揚佛法不遺餘力，甚至還以帝王之尊三次捨身同泰寺。依平常人的眼光衡量，梁武帝的弘法之舉眞是功德無量。

當達摩祖師與梁武帝相見時，梁武帝將自己所做的一切盡數告知，然後志得意滿地問達摩祖師：「我爲了弘揚佛法所做的一切有多少功德？」

梁武帝原本以爲達摩祖師會十分贊許他的努力，大大誇獎他一番，哪裡知道達摩祖師卻只是淡淡地回答：「並無功德。」這樣的回答大大地刺傷了梁武帝的自我，因此兩人的會談也就不了了之。

一國之尊的梁武帝爲了信奉佛法，能夠捐棄國位，捨身爲僧，按理說是非常難能可貴的，然而，卻被達摩祖師視爲「並無功德」，追究其原因，當梁武帝問出會獲得多少功德來回報自己的付出時，就揭露了他行爲的動機。當一個人行善是爲了得到報酬時，本身的動機就不純正了。

孟子說好名的人，連千乘之國都能讓給他人。但是，名與利追究到極至都不過是一體的兩面，追求執著的心基本上都是一樣的，只是轉換對象罷了。如果不是一個眞正坦然不役於任何外物的人，出自矯情干譽的退讓，反而會在一些小事情的得失上斤斤計較，不知不覺顯露出內心的眞實樣貌。所以觀察一個人時，不用特意去看他努力要呈現的部份，反而要去看他所忽略的小地方，這樣才能眞正看清楚一個人內在的品質。

…………

德萊塞：幸福應當成爲目標，否則火焰不會燒得十分燦爛，動力不會十分強大，成功不會十分完善。

…………

言近而指遠者，善言也；守約而施博者，善道也。〈盡心下〉

能夠用眼前的事物來比喻深遠的道理，是善言；能夠操持簡約而施行廣博，是善道。

我曾在網路上看到一則小故事：

有一個女孩子遺失了一支心愛的手錶，丟失手錶後，女孩一直悶悶不樂，整天茶不思飯不想，最後甚至因此生病了。

神父聽說這事前來探望女孩，看見她那無精打采的樣子，就問她：「如果妳不小心掉了十萬塊錢，會不會再大意地丟掉另外二十萬塊呢？」

女孩理所當然地回答：「當然不會！」

於是神父又問：「那妳爲什麼讓自己在掉了一支手錶後，又失去了兩個禮拜的快樂，甚至還賠上兩個禮拜的健康？」

女孩聽了神父的問話，這才如大夢初醒般地跳下床來，回復正常的作息。

故事中的神父，能夠用一些合理的問話來引導女孩發現困住自己的負面想法，可以算得上是善於說道理的人了；而說這個故事的作者，能夠用丟失手錶這樣的事情，來勸人們樂觀地面對人生旅程中不斷的失落所造成的憂傷，更是一個高明的講道者。

一個眞正會講話的人，當他想要傳達內心的想法時，不用長篇大論，也不用引經據典，即使只是眼前單純的事物，都能成爲他表達深奧思想的工具。就像故事中的神父，雖然想要勸女孩放掉失去手錶的悲傷，卻不直接指出女孩此種行爲的愚蠢，相反的，他舉出一個實例，讓女孩自己去想通。而一個眞正擅長修持的人，也不需要死守著繁如恆河之沙的禮節教條，只要會操持最簡約的中心想法，觸類旁通地將這些道理應用在生活中的各個層面即可。

…………

泰戈爾：如果你把所有的錯誤都關在門外，眞理也要被關在外面了。

…………

卷四

人際關係與處世之道

用溫柔去對待倔強的人，
用寬容去冰凍苛刻的人，
用熱情去融化冷酷的人。

——赫塞（Hermann Hesse）

老吾老以及人之老，幼吾幼以及人之幼。

〈梁惠王上〉

尊敬我家的長輩，從而推廣到尊敬別人家的長輩；愛護我家的兒女，從而推廣到愛護別人家的兒女。

林覺民有一篇著名的〈與妻訣別書〉，其中部份內容爲：「吾至愛汝，即此愛汝一念，使吾勇於就死也。吾自遇汝以來，常願天下有情人都成眷屬；然遍地腥羶，滿街狼犬，稱心快意，幾家能夠？語云：『仁者老吾老以及人之老，幼吾幼以及人之幼。』吾充吾愛汝之心，助天下人愛其所愛，所以敢先汝而死，不顧汝也。汝體吾此心，於啼泣之餘，亦以天下人爲念，當亦樂犧牲吾身與汝身福利，爲天下人謀永福也。汝其勿悲！……」

如果以白話文解釋，林覺民對自己的妻子是說：「我愛妳非常深，就算要我爲妳而死，我也不會有任何怨言，因爲愛的勇氣是非常強大的。自從我遇到妳，便時常祈願天下有情人都能終成眷屬，但是，我們所存在的現實並不是這樣的，戰爭使人們生死離散，不能團圓，暴徒宵小滿街跑，人的尊嚴與生活毫無價值，到底有幾個人能愉快舒服地活著，我想都不敢想。古語說：『老吾老以及人之老，幼吾幼以及人之幼。』我把我深愛妳的情感比附到眾人身上，幫助別人能夠有時間與能力去愛他們所愛的人，憑著這樣的信念，我敢比妳先去赴死而負了照顧妳的責任，妳能體會我這樣的心意嗎？即使在妳哭泣的時候，也要體念天下的福祉，如果因爲我犧牲了自己的生命和妳犧牲了自己的幸福，卻能爲所有的人謀到一點點幸福，那也是値得的。妻啊！千萬別難過……」

林覺民是否眞的爲當時的人們謀到了幸福，我們難以判斷，但他無私無我，將對妻子的愛化爲對天下的愛，是十分動人偉大的，當我們鄙薄於現代愛情的膚淺與速食的時候，千萬別忘記曾經有一個人深刻地愛著自己的妻子，並且爲自己的愛情投注了更宏大的情感與理想，不管是對妻子或對國家，他都是無愧的。倘若林覺民敢於做一個爲國家民族而奮鬥的勇士，他的愛人自當敢於做一位勇士的妻子。

…………

《聖經》：我若將所有的賙濟窮人，又捨己身叫人焚燒，卻沒有愛，仍然於我無益。

…………

古之人所以大過人者，無他焉，善推其所為而已矣！

〈梁惠王上〉

古代的聖賢之所以遠遠地超過一般人，沒有別的訣竅，只是他們善於推行他們的好行爲罷了。

人類的眞、善、美與愛，就像是一個花園。一個花園是不會自己圍籬笆、除草、澆水、施肥、修剪的，它可能肆無忌憚地生長，然後長成一個古怪的叢林，或者任其枯萎，死成一片荒野世界，總而言之，沒有園丁是不行的。

這個花園須要有人細心經營與整理修繕，讓它能呈現美好的面貌，甚至綻放光芒；一個園丁必須擁有豐富的園藝知識、經驗與耐心，更重要的是他得與大自然攜手合作，要是沒有陽光、沒有雨水，再好的園丁也無可奈何。

去照顧眞善美與愛的園地，本來就是一件極辛苦的事情，而且具有相當大的風險。即使你盡心盡力去除草、灌溉、施肥、澆水，也不能保證花園的美麗，你可能會被鋒利的花刺割傷，可能會被園中的小昆蟲咬傷，甚至可能自己在園子裡摔了一大跤，所有的意外都是有可能的。但是如果你爲了不在園中受傷而放棄當一個好園丁，那麼，毋庸置疑，你的花園絕對醜極了。

古代的聖賢者，並不是特別聰明或特別幸運的人，他們之所以能夠成爲大家仰慕的聖賢，無非是因爲他們是一個好園丁，他們願意用耐心、毅力與溫柔對待自己的花園，他們不害怕在園中跌倒、受傷，而是一再地盡力愛護這個叫做眞、善、愛、美的花園，讓它能繁花似錦，綻放光芒，並且願意傳播自己的知識、經驗，讓眾人都能種出一片好園地。

路易斯：不願選擇擔驚受怕的人，剩下的唯一去處就是地獄，因爲除天國之外，唯一讓人免除一切危險或擾攘的地方，就只有地獄。

以力服人者，非心服也，力不贍也；以德服人者，中心悅而誠服也。

〈公孫丑上〉

依仗暴力來使人服從的，別人是不會從心裡心悅誠服的；依靠道德來使人服從的，別人才會從內心眞正順服。

校園暴力是社會暴力延伸到校園的現象，據警官學校所作調查，以一千五百位國中生爲對象，發現有近一半的學生在一年內有與其他同學打過架，但是公開侮辱或頂撞師長的則只有百分之七。大致而言，師生間的暴力比率並不高，但是師生間暴力的影響卻極大。

因爲，它不但嚴重破壞校園的氣氛，使傳道、授業的工作難以進行，而且任何一件師生間嚴重暴力的背後都隱含長期的問題，例如師生關係成爲升學壓力的犧牲品，使功課不佳的同學很容易自我放棄。另外，衝突當時雙方的情緒失控是暴力產生的最直接原因，老師情緒失控的另一個原因，在於師資培育過程中沒有注意到人際衝突的解決技巧，一般老師沒有解決師生問題的能力，除了打罵之外，沒有別的方式。

我們都知道，小暴力不去處理，常會演變成嚴重的暴力習慣，校園的肢體暴力無論大小，可能都與學習、模仿有關，青少年的行爲、價値觀，甚至於道德觀，大多是經由認同獲得。早期的認同對象絕大多數是父母、家長，到國、高中階段，認同的對象漸擴大到其他偶像，如果社會上的成年人常以暴力手段解決爭執，同時透過媒體，兒童看到高地位、權力的人物也以打鬥解決問題，那麼要求青少年不可用暴力解決事情，根本是緣木求魚。

在整個模仿認同的歷程中，老師體罰學生，尤其是即興式的打耳光、揮拳頭或踢學生，都是校園中最直接的不良示範。當學生接受這樣的暴力方式後，也會以一樣的方式解決身邊的問題。如果老師能教授學生解決衝突的方式，如說服、交換，甚至於求取權威的裁決，都比暴力要好。如何讓學生體驗暴力行爲的反效果呢？最根本的方法是讓他知道：暴力行爲不但不能解決問題，甚至要付出高昂的代價。

…………

艾倫．帕庫拉：電影暴力就像鹽巴一樣，口味愈吃愈重。

…………

君子莫大乎與人為善。〈公孫丑上〉

君子最大的德行就是偕同別人一起行善。

眞正的快樂，是一種屬於內心的安定之感，沒有欲求之心。如果只是追求社會上共同的價值認定，有錢、有名、有前途、有地位，這些看似有價值的東西是不是眞正屬於自己？而擁有它們，便能得到內心的安定嗎？我們都知道，擁有這些並不能得到眞正的快樂。知足的人，順應自己所有的；不知足的人，心中永遠有一個缺憾，擁有再多的財富，也是一個窮徒。如果「眞正的快樂」是建立在內心的安定上，那麼重點就是「和諧的人際關係」，一個人際關係和諧的人，不論在思想或行爲上，都不容易走向偏激、衝突或矛盾；那麼他的心靈就能保持平靜和諧，達到眞正的愉悅。

如何保持「和諧的人際關係」呢？最好的方式就是「與人爲善」，與人談話時，別堅持己見，不必想著搬弄艱深的理論去駁倒對方，對於重大的問題或事情，以溫柔和緩的方式去表達或說明就好了。

與人相處，寧可與人爲善，不與他人交惡；保持行爲上的中正，便不會落人口舌，雖然人心難測，只要正持自心，就不怕別人刁難反覆。就算父母、兄弟、夫妻之間，也常會對同件事有許多不同的見解，尊重別人，也是尊重自己，在生活中使用一點小小的幽默感來轉移生活的小衝突是必要的，觀點放大一點，執見少一點，這就是人生的智慧，一個眞正有智慧的人，不但能讓自己內心愉悅，也能讓別人一同感到眞正的愉悅。

…………

佚名：沒有什麼比幫助別人豐富他們的人生更能豐富你自己的人生。

…………

得道者多助，失道者寡助。

有美德的人，幫助他的人自然就多；沒有美德的人，幫助他的人就少。〈公孫丑下〉

周朝最偉大的領袖是姬昌，他是商朝末年的西方領袖，曾受封為西伯，後人爲感念他的功業，追謚他爲周文王。

文王的祖父是古公亶父，他率領族人遷徙到周原，那裡水草豐美，土地肥沃，古公亶父領導族人開墾荒地，興建城郭，逐漸強壯自己的實力。古公有三子，長子太伯，次子虞仲，少子季歷。季歷的兒子叫姬昌，他自小聰明穎悟，最得祖父喜愛。於是太伯、虞仲斷髮紋身，逃到荊蠻，讓古公傳位季歷，然後傳給昌，這就是「太伯讓國」的故事。

季歷死後，由姬昌繼位，商王封他爲西伯，姬昌恪守祖先的法規，施政以仁厚爲準則，人民有糾紛，他都能公正地處理，因而得到人民的愛戴。當商施暴於天下時，姬昌便得許多豪傑的幫助。

太公望呂尚是有名的賢士（即姜太公），當時他已是八十高齡的老人，因爲不願事紂，就隱居在渭水垂釣自娛。姬昌找到他後便拜他爲師，希望他策劃軍事，太公肯定姬昌是一位仁德的君主，便與他回到岐山，同心協力建立基礎。

而商朝的紂王生活奢侈靡爛，又橫征暴斂，使得百姓怨聲載道，民不聊生；於是個個諸侯開始叛變。當時的西伯、九侯和鄂侯是三個大諸侯，被稱爲三公，紂王因爲猜忌而將九侯剁成肉醬，把鄂侯作成肉脯，又將西伯囚禁在羑里。姬昌的長子伯邑考親自到京城求見紂王以求釋放父親，紂王便將他剁成肉醬，煮成肉羹，強迫姬昌喝下。消息傳出，周人氣憤填膺。

姬昌的次子姬發，領導周國使人民更加團結，並且投紂王之所好將美女送到京城，買通佞臣，說服紂王釋放姬昌。姬昌被放出大牢後，馬上奔回岐山，等到紂王反悔再派人追殺時已來不及了。姬昌回到自己的國家後，更加勤政愛民，樹德行善。

據說在營建靈臺時，挖出一具骨骸，姬昌便要官吏安葬。

官吏說：「這是無主的枯骨，不必理它吧！」

姬昌說：「這也是我的子民，怎能說是無主呢？」官吏只好奉命把枯骨安葬。

百姓們聽到這個消息，都十分稱讚姬昌的仁德。連枯骨都受到了恩德，何況活著的人。

後來姬昌收服了犬戎、密須等國家，對商朝構成很大的威脅，紂王卻一點都不在意；過了不久，周已經「三分天下有其二」了，殷商的敗亡成爲定局。

……

《聖經》：那行不義的，必受不義的報應；主並不偏待人。

……

勞心者治人，勞力者治於人；治於人者食人，治人者食於人。〈滕文公上〉

勞動腦力的人是管理者，勞動體力的人是被管理者；被管理者養活別人，而管理者靠別人養活。

人類的左腦是管理數字、邏輯、語文和分析的能力；而右腦則掌管藝術、創造、想像和感覺的能力。現在流行的「全腦思考」，是指將左腦和右腦的能力都均衡開發，讓左右腦都能充份運用，讓全腦來處理或解決生活上種種工作或問題。大部份的人，從小就被訓練成以左腦思考解決事情，右腦的發展並不充份，全腦開發能讓我們的思考能力與處理問題的能力加倍喔！那應該如何開發我們的右腦呢？

最有力的方式就是冥想，冥想能讓人類的左腦平靜，讓心靈的耳朵能聆聽右腦的聲音，如此一來，我們的腦波會自然的轉爲α波，並且開始分泌腦內嗎啡。腦內嗎啡會把訊息強烈地輸入左腦，令你快樂或積極去做事，這就是從右腦得到了啓示，使你眞正有某種感覺，甚至可以因此而增加信心，造成明顯的改變喔！

另一種有效分泌腦內嗎啡的方法是腹式呼吸，腹式呼吸跟一般大家無意識的呼吸法有些不同，這是一種利用腹部有力的伸縮作深呼吸的方式，做腹式呼吸時，會產生一種叫前列腺素的物質，它有消除活性氧，同時擴張血管的功能，醫學界常使用來做心肌梗塞、腦梗塞等的治療，如果能保持最理想的冥想狀態，還可以促進血液循環，更有燃燒脂肪、防止肌肉衰減的效果，冥想對於節食減肥也很有效。

當我們能夠全能地利用自己的大腦時，愉悅有動力的生活便展開了，如果你常常覺得「人生一點也不快樂」，甚至覺得不快樂的原因是沒錢或工作不順利；其實眞正的原因，可能是腦內嗎啡不足喔！

…………

佚名：管理，是一門藝術還是一門科學？

…………

人之有道也，飽食煖衣，逸居而無教，則近於禽獸，聖人有憂之，使契為司徒，教以人倫。〈滕文公上〉

人之所以為人，吃飽了，穿暖了，住得安逸了，如果沒有教育，也和禽獸差不多。古代的聖賢者為此而憂慮，便要一位名叫契的人做司徒官，主管教育。

現代人的物質生活豐富，但在精神生活上卻十分貧乏，我們在物欲橫流的世界中飄蕩，無所適從，找不到人生的方向，問題在哪裡呢？

這恐怕是教育的問題。孟子說：「人之所以異於禽獸者，幾希！」人跟禽獸的差別在哪裡？就在教育。如果人沒有接受教育，那麼生活就與禽獸差不多了。有時候我們會覺得自己不如那些飛翔於天空的鳥兒、在水中悠游的魚兒生活得那麼悠閒、自在，人反而不如牠們。這是因為我們遺忘了教育的薰陶，忘了在學習中獲得成就感與自信心。

人之所以為萬物之靈，是因為人可以接受教育。教育能讓人類理解價值與真理，不在現世中迷失，懂得如何與人、與動物相處，如何與大自然融洽共存，能夠明白人生的道理、生命的真相，就能使自己的生活有價值、有意義，進而讓自己的精神生活充滿愉快。

古代儒家的教學方式遵循著四個科目——德行、學術、言語、政事。所謂「德行」，是人的行爲的標準，如果一個人把應該有的倫理道德捨棄，那他與動物便沒什麼分別。當學生懂得生活禮儀後，便教他「學術」，兒童通常在十三歲之前便必須把所有經典背熟，十三歲以後進入太學，眞正進入研究的行列。

老師講學的時候是不帶課本的。老師領著學生到各地去旅行，將所知所學與實際生活相印證，師生一邊旅行，一邊研究討論，也就是所謂的「讀萬卷書，行萬里路」。經過這樣的旅行，便能把經典中不懂的部份加以解決，把經典中提到的古蹟都參觀過、考察過。這樣的實地考察並不是觀光遊樂，而是累積自己的學問，將「言語」與「政事」融會貫通；因爲從眞實的生活經驗去體認知識才是眞正的學問、眞正的智慧；擁有這樣的智慧，便不會在亂世中迷失方向，失去自我，以至心靈空洞、徨徨不知所向。

…………

柏拉圖：在教育的階段中，要以體操鍛鍊體格，以音樂陶冶靈魂，以數學孕育知識。

…………

居天下之廣居，立天下之正位，行天下之大道。得志，與民由之；不得志，獨行其道。

〈滕文公下〉

要住在天下最廣闊的宅第中，這個宅第叫仁；要站在天下最正確的位置，這個位置叫禮；要走在天下最光明的大道上，這條道路叫做義；在得志的時候，要偕同眾人一起走向康莊大道，在不得志的時候，也要獨自堅守自己的原則。

一日，佛陀到了祇園精舍，園中有許多奇花異木，建築美麗豪華。統理這個地方的波斯匿王知道佛陀來到精舍，對他感到十分好奇，便帶領著百官大臣駕臨祇園精舍來拜訪佛陀。

當他見到佛陀時說：「聽說你是有大覺悟的佛，我想這是不會錯的，不過我不懂，許多修道者在深山中渡過數十年尚不能覺悟，你也不過三十多歲吧！如何能覺呢？」

佛陀回答：「大王！許多人都蔑視年輕人，這不好。世間上有四事不能輕視：一是年輕的王子，二是初生的幼龍，三是星星之火，四是小僧侶。王子雖年幼，但長大時便是統治者；幼龍雖小，但牠很快便能成大龍；而星星之火可以燎原。僧侶只要心能清淨，有渡眾生的精神，就能得大覺悟。」

王說：「佛陀啊！我什麼都不懂，請你指教我一些道理！」

佛陀沉默一會兒，向波斯匿王說道：「大王！你既是國王，就應該愛民如子，不可壓迫人民，因為生命是平等的、是可貴的。要克制惡念，要寬大，要幫助苦難的人，安慰煩惱的人，要救濟有病的人，要為人民謀福。」

佛陀停了一會兒，又說：「世間上有兩條道路：一條是從光明走向黑暗，一條是從黑暗步上光明。短見的人從光明走到黑暗，賢明的人則從黑暗走到光明。只有智者才能進入燦爛光明的世界，能引領自己的生命，也能引領別人的。」佛陀之語，如陽光般照耀在波斯匿王的心上，他從此就對佛陀生起了恭敬純真的信仰。

…………

《詩篇》：你的話是我腳的燈，是我路上的光。

…………

規矩，方員之至也；聖人，人倫之至也。

〈離婁上〉

圓規和曲尺是測量方形和圓形的標準，而聖人就是做人的標準。

沒有規矩，不能成方圓。從古到今，人類社會最早以明確的文字訂下的規矩，恐怕是西方的漢摩拉比法典，中國也有不少規矩，如唐律、宋法、清律等等；這些明言的規矩，無非是為人類社會的活動立一個標準。

但從歷史的脈絡來看，人類總是不斷地訂立規矩，卻又不斷地破壞規矩。破壞規矩的是哪些人呢？誰又有能力破壞規矩？自然是那些有權、有錢、有勢的人，而守規矩的人是那些沒有能力抗拒的人。可見能夠規範人類行為的並不是外在的規矩，而是內心的方圓。

學習聖人，並不是東施效顰的去模仿行動、言語；而是從內心出發，以聖人的胸懷為己志來建立屬於自己的行為模範，即所謂的「從心所欲而不逾矩」。

春秋時，范蠡協助越王勾踐大敗吳國，范蠡與文種是越王勾踐手下最有權勢的兩個人物。但是，范蠡在經歷過吳越之間明爭暗鬥的殘酷後，更不願以特權破壞規矩，便放棄崇高的地位隻身離去，泛舟於五湖四海間。

近代英國有名的溫莎公爵，因爲與辛普森夫人自由戀愛而失去英國王儲的資格，他就是著名的「不愛江山愛美人」的風流王子。

如果他採取另一種做法先繼承王位，等到當上英國國王之後再廢除對他不利的規矩，或者「修改」規矩，讓自己既能當上國王，又能與辛普森女士結婚，豈不是一舉兩得？但是，他並沒有那樣做，因爲他尊重英國的傳統，也尊重自己的情感，在兩者權衡之下，他選擇放棄王位與辛普森女士結婚，他的選擇讓他的一生不但充滿傳奇色彩，也洋溢著幸福的氣氛。

從這兩個例子來看，顯然外在的規矩並不是約束他們行爲的繩索，眞正的標準在他們心中，他們只是遵循著心中的標準來行事而已。

佚名：善人從他心裡所存的善，就發出善來；惡人從他心裡所存的惡，就發出惡來。

男女授受不親，禮也；嫂溺援之以手者，權也。

〈離婁上〉

男女之間不親手遞接，這是正常的禮貌；嫂嫂掉到水裡，用手去拉她，這是變通的辦法。

這是孟子所處的戰國時代。有一日，淳于髡向孟子問：「男女之間，不親手遞接東西，這是禮貌嗎？」孟子回答：「當然，這是必要的禮貌。」淳于髡又問：「那麼，假如自己的嫂嫂掉進水裡，用手去拉她，不就是失禮了嗎？」孟子說：「自己的嫂嫂掉進水裡卻不去拉她，那簡直是豺狼。男女之間不親手遞接，這是正常的禮貌；嫂嫂掉到水裡，用手去拉她，這是變通的辦法。」

淳于髡笑了一下，說：「現在天下的人都掉進水裡了，你不去救援，又是爲何呢？」

孟子回答：「天下的人都掉進水裡了，我得用大道去救他們；而嫂嫂掉進水裡，只要用手去救就好了，難道，你要我用手去救天下人嗎？」

在中國古代的傳統禮節中，有「男女不共用同一物品」、「男女不雜坐在一起」、「男女不直接用手傳送東西」等等規矩；雖然孟子是重視規矩、重視禮節的人，但他並不是死守規矩的頑石，一般情形下，當然要遵守正常的禮節規矩，可是有特別的狀況發生時，卻要懂得變通，這樣才不會失去古代聖人制定禮節的原來意義。

L・羅恩・賀伯特：最高深的智慧便是靈性的啓發。

仁之實，事親是也；義之實，從兄是也；智之實，知斯二者弗去是也；禮之實，節文斯二者是也；樂之實，樂斯二者，樂則生矣。〈離婁上〉

仁的主要內容是侍奉父母，義的主要內容是順服兄長，智的主要內容是明白這兩者的道理而堅持下去；禮的主要內容是對這兩者既能合宜地加以調節，又能適當地加以修飾；樂的主要內容是從這兩者中得到快樂，快樂就會發生。

儒家的世界是如何去解釋生活中的美德呢？他們說仁、義、禮、智，倘若一個人能自己完成這些美德，那麼，他心中便能升起眞正的快樂。那麼，在中國十分盛行的佛家，又用何種方式來解釋這些美德？佛家有所謂的五戒，即不殺生、不偷盜、不邪淫、不妄語、不飲酒。五戒是對於人的規範，它的根本精神是尊重，因爲尊重，所以自由；因爲自由，所以快樂。

持受五戒在佛家是人道的根本，五常成爲佛儒的相通之處。所謂五常，就是仁、義、禮、智、信。不殺曰仁，不盜曰義，不淫曰禮，不妄曰信，不酒曰智。一個人若持受五戒，便能安享五常，意思是：如果我們能夠不殺生，便能保護眾生，自然能夠心靈安適以獲得身心健康；不偷不盜而廣於布施，自然心靈平衡，不貪求功利名聲；不邪惡淫逸，並且尊重別人，自然能得到別人相對的尊重，得到和諧的人際關係；不妄語惡語，願意讚美他人，自然能獲得眞正的好名聲；因爲不喝酒，並且遠離毒品的誘惑，身體便能健康，進而智慧清明；所以，受持五戒，在現世中可以免除苦惱、恐怖，在心靈上可以獲得身心上眞正的自由、平安、和諧、快樂。

…………

《聖經》：人點燈，不放在斗底下，是放在燈臺上，就照亮一家的人。

…………

大人者，言不必信，行不必果，惟義所在。

〈離婁下〉

有德行的人，說話不一定句句守信，行為不一定貫徹始終，與義同在，依義而行。

論語上有一個非常著名的故事，內容是這樣的：

孔子的弟子冉有問孔子：「聞斯行諸？」意思是說，聽到一件對的事就馬上去做，是不是這樣子？孔子回答他：「是的，聽到就要馬上去做。」

不久，另一位學生子路也問了同樣的問題：「聞斯行諸？」

孔子回答他：「有父兄在，如之何其聞斯行之！」意思是說，不管你聽到什麼或想要完成什麼事，都得先想想，你有父母兄長在，可以聽到什麼就要去做嗎？難道看到一個壞人，明知道有危險也要上去殺他嗎？不是這樣的。

後來公西華知道了這件事，就跑去問孔子，為什麼問同樣的問題會有不同的答案？

孔子說：「求也退，故進之。」

這是說冉有這個人個性軟弱，做事猶豫不決，於是孔子跟他說：「聞之行諸。」對的事情就趕快去做，不要拖拖拉拉。而子路這個學生「由也兼人，故退之。」意思是說子路一個人卻做了兩個人的事，確實能力高強沒錯，但毛病就是做事太衝動，所以要他三思而後行，這就是因人而施教，不拘泥於某種特定的教條。

通常我們會覺得做一件事要貫徹始終，沒有錯！這是做事情的基本態度。但是，過份拘泥於這樣的原則，卻可能使事情做不好，甚至功虧一簣。

如果我們因為認為守信用是原則，凡事都固守於信用二字，那麼將會變成所有說過的話都沒有轉圜的餘地，不但把自己綁死了，也把別人限制住，更有人會以此來愚弄你，或者設圈套欺騙你，過份愚昧地守信用，也可能導致悲慘的後果，這是不智的。

一位有智慧的人不應該被自己的話套住，一句沒有彈性的承諾或定論將使聖人面臨不可挽回的悲劇。例如，三國諸葛亮是有名的功臣，有一回，他率領十餘萬軍隊攻魏。當時，諸葛亮對大將馬謖提出三個要求：

一、不可輕敵。

二、絕對不可在山上佈陣。

三、副將王平經驗豐富，一切決策必須要先和他商量。

但是，馬謖為了顯露本領忘了諸葛亮的提醒，斷然在山上佈陣。而魏將張郃便包圍整座山，並且切斷水源，後來蜀軍潰敗，諸葛亮只好下令撤退。

回營之後，諸葛亮決定處罰馬謖，並且依照軍令判處死刑，馬謖便壯志未籌身先死了。歷史上對諸葛亮泣斬馬謖的評斷不一，但孔明是軍事領袖，必須貫徹統帥立場，使得他失去了像馬謖這樣難得的人才，最後，蜀國也漸漸走入末途。

王爾德：那些看來荊棘遍佈的道路，經常是祝福的僞裝。

不挾長，不挾貴，不挾兄弟而友。〈萬章下〉

不倚仗自己的年紀大，不倚仗自己的地位高，不倚仗自己的兄弟富貴。

有一回，我在報紙上看到一篇文章，標題已經遺忘了，內容大約是這樣的：

有位基督徒女士接到一個不明男子的電話，那名男子說他很詫異在一份反歧視傳單裡，居然看到一個基督徒姊妹的名字與其他婦女團體「平起平坐」，可是基督教不是反同性戀的嗎？接著，這男子說了社會教育如何如何失敗，才會培養出同性戀者等等的話；愛上同性是反歷史、反社會、反人類等等。當這位女士強調女協反對的不是愛而是恨（歧視），社會必須尊重每個人的人權時，那位男士還問她是不是一個同性戀者。

對於社會上的各種事情，應該抱持什麼樣的看法，其實見人見智；看法並不那樣重要，不管那位男子對同性戀者反對也好，不反對也罷。重要的是，他能否尊重別人的存在、別人的不同。如果他認爲，人可以基於某些原因，而使得別人的地位比自己低或居於次等待遇，這已經不是偏見，而是歧視。

美國民權領袖，猶太神學家赫歇爾在致甘迺迪總統的信中曾這樣說：「我們一天不停止歧視黑人，一天都會喪失敬拜上主的權利。」基督徒總是喊著「愛人如己」，可是「愛人如己」並不是愛和自己一樣的人，而是把別人好像自己一樣珍惜愛護。

在這個世界上，每個人都有不同的命運與際遇，在社會上所扮演的角色也各有差異，可是尊嚴無分高下，每個人的人格都是生來就平等的，沒有一個人有資格仗著自己的權勢、地位或者財富，去侮辱別人的人格。

…………

《聖經》：不要勞碌求富，休仗自己的聰明。你豈要定睛在虛無的錢財上嗎？因錢財必長翅膀，如鷹向天飛去。

…………

窮則獨善其身，達則兼善天下。〈盡心上〉

窮困便獨善其身，得意便兼善天下。

孔子周遊列國，有十四年之久，有一回，他聽說楚國的楚昭王是個十分開明的國君，便打算到楚國去，途中必須經過蔡國，可是孔子與他的學生迷了路，不知道渡口在何處，正在煩惱之際，恰巧看見有兩個人在田中耕作，孔子就叫子路去向那兩個人問路。

子路向耕耘者走去。「對不起，請問兩位……對不起，請問兩位……」子路喊了好幾聲，這兩個農夫仍然彎著腰忙於耕作，完全不理會子路的喊叫。莽撞的子路突然喊道：「喂，你們是聾子啊？」

這時候其中一位回過頭來。於是子路問他：「請問去渡口走哪條路？」那個農人卻還是不理子路，只是往子路的身後看了一看，逕自轉過頭來問子路：「坐在馬車上的是誰？」

「是孔子。」子路說。

「魯國的孔丘嗎？」農夫問。

「是的。」子路聽到別人直接叫他老師的名字，很不高興。

「那他最該知道路怎麼走呀。他不是一整年都到處流浪嗎？都已經走這麼久了，怎麼會不知道路該怎麼走呢？」

這時候，另外一個農夫也轉過頭來問子路：「那你又是誰呢？」

子路說：「晚輩名叫仲由。」

「那你是孔丘的學生了。」

「是的，請問這條路……」

「唉！天地動盪，不管走到哪裡都是一樣的，不論誰都不能改變這局勢，孔丘是個逃避暴君亂臣的人，我看你不必跟著他到處奔波，不如跟著我們一起種田好了。」

子路和這兩個農夫問路問了半天，不但沒有結果，反而被嘲弄了好一會兒。子路怒氣沖沖地回到車邊向孔子報告經過；孔子聽了子路的敘述，不勝唏噓，便說：「這兩個農夫隱居於鄉下，過著避亂離世的生活，固然是獨善其身的辦法，不過一個人既然到這世上來，就應該爲人群出力做事，吃一點苦也是應該的。」子路聽到孔子這麼說，便不再說話。

接著孔子又說：「如果天下太平，也用不著我這樣東奔西走、受盡辛苦了。」子路聽到這裡，明白了老師的不辭勞苦、兼善天下的心意，心中的不服氣也得到釋懷。他踏上了馬車，同老師與其他學生往下一個旅途走去。

《聖經》：主曾說：「我總不撇下你，也不丟棄你。」

知者無不知也，當務之為急；仁者無不愛也，急親賢之為務。〈盡心上〉

智者沒有不該知道的，但是急於當前重要的工作；仁者沒有不愛的，但是務必先愛親人和賢者。

米歇爾・德・蒙田（Michel de, Montaigne），是法國的思想家，他經常對道德與心理進行思考。他的人文主義教育和豁達的人生觀，均呈現在著名的《蒙田隨筆》中，這本《蒙田隨筆》從一五七二年開始著手寫作，在一五八八年完成，共耗時十六年，可以說是蒙田思想的精髓，以隨筆方式記載生活見聞，不過《蒙田隨筆》並不是日記，也不是回憶錄，而是蒙田自創的體制。

《蒙田隨筆》法文原名 Essais，其中記載了作者豐富的人生經驗，並且加以敘述思考，他在文中試驗自己的見解，評判自己的生活經驗，進而瞭解眞正的自己。在蒙田的思想中，明白承認人的無知與限制，他秉持著古希臘懷疑論者的態度，不斷提醒自己的無知，進而虛心的追尋眞理。《蒙田隨筆》中最重要的剖析對象就是蒙田自己，書中前言的〈致讀者〉便表示：「這部書的題材就是我自己。」又說：「我保證在書中我是很樂意地把自己完整、赤裸裸地描繪出來。」如此誠實明確的說明，可見蒙田劃時代性的見解。

「每個人都是整個人類的縮影。」蒙田如是說。蒙田認爲對自我的認識有助於了解他人乃至於全人類，對於他所處的動盪時代，理解人的價值與地位實在是當務之急，所以他以自己爲研究標本，透過對自我忠實地分析來理解整個人類社會；一個人的愛無法遍及全部的人類，如果先愛自己，眞正尊重自己，便能眞正將關愛普及全人類。

蒙田在文章中忠於自己所認知的眞相，他的寫作風格也是這樣的，《蒙田隨筆》透過不同時日的蒙田與自己的對話，或是蒙田與讀者之間的對話，以這種自由對話的方式來理解眞正的生命價值，這是一個充滿人文主義色彩的信息，一種充滿樂觀積極、充滿智慧的態度，便是蒙田提出的生活藝術。

…………

《聖經》：我見神教世人勞苦，使他們在其中受經練。神造萬物，各按其時成爲美好，又將永生安置在世人心裡。然而神從始至終的作爲，人不能參透。

…………

士未可以言而言，是以言餂之也；可以言而不言，是以不言餂之也，是皆穿踰之類也。〈盡心下〉

一個知識份子，把不可以談論的事情拿來談論，這是用言語來引誘別人以便自己取利；面對可以談論的事情卻不去談論，這是以沉默來引誘別人以便自己取利，這些都是屬於挖洞跳牆這一類型的。

有一個名叫祝期生的人，個性十分奇怪，他喜歡揭發別人的短處，更糟糕的是，他還喜歡引誘別人做壞事。如果遇到長得醜的人，就譏笑人家面貌醜陋；遇見長得英俊的人，就用其他的話語來嘲弄這個人。如果遇到腦子比較不靈光的人，就想法子欺侮他；遇見比較聰明的人，就說相反的話去諷刺他。如果遇見貧窮的人，就瞧不起他；遇見有錢的人，便想法子毀謗他。如果遇到當官的，就揭發人家的隱私；看見讀書人，就宣揚他的秘密；看見別人生活奢侈靡爛，反而稱揚那人豪爽；看見有人手段陰狠毒辣，更是稱讚那人聰明絕頂。

如果聽見別人在談佛法，就譏諷他們是有頭髮的禿驢；如果聽見別人在論儒學說德行，便嗤笑他人是假道學；聽到人家說好話，就說：「嘴上說說而已啦！根本辦不到。」而看見人家做善事，就說：「怪了，這件好事既然做了，何不連那件好事也做一做呢？根本只是求表面的假好人。」他四處亂評論，到處顚倒是非，從來不以爲意。

當他年老的時候，忽然得了一種怪病，舌頭會長瘡，治療時定要用針刺，流出很多血才能使瘡消失，每年得發作個五六次，痛苦得不得了，最後終於舌頭潰爛萎縮而死。

當我們強調「隱惡揚善」之時，便會發現中國古老以來的美德，一個人也許心中沒有那麼惡，嘴巴卻不饒人，一樣會傷害到別人，「隱惡」不是得過且過，而是給別人悔改的機會，給別人改過的尊嚴，「揚善」不是錦上添花，而是教育眾人也要行善。

薩伊德：知識份子面對的主要選擇是：要和勝利者與統治者的穩定結合在一起，還是選擇更艱難的途徑——認爲那種穩定是一種危急狀態，威脅著較不幸的人，使其面臨完全滅絕的危險，並考慮到屈從的經驗，以及被遺忘的聲音和人們的記憶。

卷五

以仁出發的政治觀

倚仗暴力又假借仁義來征戰的人
可以稱霸諸侯，
這種霸者定需強大的國力；
依據道德來實踐仁義的人可以稱王，
他使天下人心悅歸服，
王者不必依賴強大的國力。

養生喪死無憾，王道之始也。〈梁惠王上〉

百姓對於生養死葬都沒有什麼不滿，就是王道的開端。

從一八五一到一八六四年間的太平天國事件，是中國歷史上一次巨大的人民起義事件，它的影響範圍極大，從河北到廣東，從浙江到陝西，地方與政府投入軍隊多達千萬人，這個歷史波及到千千萬萬的中國人民。太平天國起義是人民對清政府強烈不滿的一次爆發，它的影響不只是短短的十五年。事實上，太平天國的餘波動盪了整個清末，之後的捻軍起義、回民起義，甚至到孫文的革命運動，或多或少都受著太平天國事件的影響。

從爲政寬和的清聖祖康熙掃平各地的大小起事，到嚴厲剛毅的雍正帝，再到乾隆皇帝，清代歷經一百多年的黃金盛世，這段期間的清王朝政治安定，人口增加，軍力富強，成爲東方的第一大國。但是，到了乾隆晚年，乾隆怠於政事，龐大的帝國事業開始走下坡，而之後的嘉慶帝已經無法重振這個百年帝國了，一直到後來的道光帝，清王朝開始面臨西方世界的快速改變，遠遠落後。一八三九年中英鴉片戰爭爆發，中國更像是一塊任人爭食的大餅，成了列強爭相瓜分的殖民地，貧苦百姓的境遇又更加的惡化，渡日艱苦、民不聊生。

從十八世紀末葉開始，各地民變接連不斷，又以臺灣、兩廣、貴州、湖北等地最激烈，其中許多起義都打著宗教旗號，如天理教、白蓮教等，太平天國起義便是這些民變的大集合，也是宗教起事的極致；太平天國的巨大波瀾，象徵著人民在飽受痛苦後的反撲，對腐敗政府的抗爭，也象徵著一個帝國的死亡。

…………

《聖經》：君王不能因兵多得勝；勇士不能因力大得救。靠馬得救是枉然的；馬也不能因力大救人。

…………

仁者無敵。

仁德的人在天地中，是沒有敵人的。〈梁惠王上〉

納爾遜是西方一位偉大的將領，他活在一個革命思潮澎湃以及爭奪制海的時代。納爾遜是一位軍事家，他長於戰略戰術，富有領導力。當時英國的軍事將領通常只與高級官僚接近，忽略了基層戰士，但是納爾遜不但照顧軍官，也普及了戰士們。

每一次的作戰，從來沒有任何一個人是作戰不力或者是沒有決心的，主要原因並不是戰士們懾於軍令威赫，而是對於長官的領導關愛有著絕對的信服與尊敬，這是英國海軍的優良傳統，納爾遜將軍的領導方式在英國軍隊中，早已成爲一種崇高的領導方式。

一八〇五年，在特拉法加戰役的前一天，一名舵手因忙於綑紮郵袋忘了寄出自己的家書，此時郵船已離開，納爾遜將軍便下令要郵船回來，他說：「誰能保證他明天不會陣亡，他的家書應和別人的家書一同寄出。」那舵手十分感激，而聽到這件事情的官兵，更對將軍無不充滿崇敬。這足以說明納爾遜將軍的仁者之風，最後他雖以身殉國，卻活在歷史的光榮之中，因爲他是爲歐洲的和平「大仁」、「大愛」的勇敢犧牲。

倫敦的蘇活區（SOHO）有一個著名的特拉法加廣場（Trafalgar Square），是民權運動時代召開公眾會議的地點，現在仍有許多遊行常以此處作爲終點，而每年的聖誕節及新年，在廣場都會有活動；此外，廣場周圍最著名的是成百上千的鴿子，而廣場中央則有一座英國著名海軍納爾遜將領的雕像，這座雕像是爲了紀念他在特拉法加戰役中勇猛殉國而設立的。

梅爾勒・塞恩：一個人在十天的痛苦煎熬中所學習到的東西，往往比他十年的快樂時光得到的還要多。

以大事小者，樂天者也；以小事大者，畏天者也。樂天者，保天下；畏天者，保其國。〈梁惠王下〉

以服務大國的能力去服務小國的人，是無處不樂的人；以服務小國的能力去服務大國的人，是謹慎畏懼的人。一個無處不樂的人，足以安定天下；謹慎畏懼的人，足以保護住自己的國家。

東漢末年，黃巾之亂以後，群雄並起，曹操、劉備、孫權都是當時的大勢力，但是劉備到荊州以前，在各路諸侯的征戰中屢次失敗，他認爲自己沒有得到高才賢能者輔佐。於是，他來找荊州的叔父劉表想要詢問關於人才的事情，在這裡，他見到了徐庶，覺得他是好人才，便對他十分器重，徐庶見劉備愛才，便對他說：「此地有位諸葛孔明，人稱臥龍先生，將軍願意見他嗎？」

劉備說：「你可以約他一起來見我。」

徐庶說：「臥龍先生乃大才之人，只可前去拜見，不可能屈使他前來。將軍如果有意，就應該親自去請他。」

於是，劉備親自到諸葛亮隱居的隆中去拜訪，第一次去時，恰好諸葛先生雲遊去了；第二次，劉備、關羽、張飛三人冒著大風雪前去，還是未見到；到了第三次，劉備茹素三日，到了隆中草堂，看見諸葛先生在午睡，不敢驚動他，一直等到他醒來才敢拜見。於是，諸葛亮被劉備的愛才之心感動，便獻上了有名的「隆中對策」，並出山助劉備成就大業。

在《世說新語》中也有記載，諸葛兄弟三人分別助魏、蜀、吳三國，即所謂「蜀得其龍（諸葛亮），吳得其虎（諸葛瑾），魏得其狗（諸葛誕）。」

…………

毛姆：實際上，受惠者的知恩報答心理，要比施惠者的施恩圖報心理淡薄得多。

…………

匹夫之勇，敵一人者也。〈梁惠王下〉

一個人的勇敢，叫做匹夫之勇，這種匹夫之勇，只能抵抗一個敵人而已。

項羽與劉邦都是楚地人，項羽二十四歲崛起於江東，他與劉邦等人迅速地擴展了自己的勢力，身爲貴族的項羽，有著許多先天上的優勢，可是長期的楚漢相爭，他最後還是敗在劉邦手上。項羽在江邊高呼：「天亡我楚，非戰之罪。」

項羽最嚴重的錯誤恐怕是失掉關中，項羽想以武力經營天下，卻不懂知人善任之道；這與劉邦恰成對比，劉邦曾於某次宴中向群臣說：「寡人能否成功，多仰仗賢才，張良決勝千里之外，國家政策託於蕭何，有戰必勝重在韓信，此三人爲豪傑。」

韓信問劉邦說：「今日與您爭天下之人，是項羽嗎？」

劉邦回答：「是。」

韓信對劉邦說：「主上是勝過項羽的，我曾是項羽部下，對他十分了解，雖然項羽一喝能退千軍，可惜不能知人善任，經常埋沒了人才，所以項羽雖然英勇，只能說是匹夫之勇。」

……………

佚名：得意忘形，足以送命。

……………

樂民之樂者，民亦樂其樂；憂民之憂者，民亦憂其憂。〈梁惠王下〉

以百姓之樂作爲自己的快樂，百姓也會以國王的快樂爲樂；以百姓之憂爲自己的憂愁，百姓也會以國王的憂愁爲愁。

這是一個佛教流行的童話故事。傳說在很久以前，東方的城市裡住著一位驕傲的國王。有一天，國王突發奇想，要爲自己建造一座美麗的王宮。

他對大臣們說：「我命令你們到森林裡去找最高大、最厚實的樹，以作爲宮殿的支柱。」於是，大臣們便分頭出發到森林裡尋尋覓覓，終於找到國王喜歡的大樹，這棵樹長得十分茂盛，像是一個健壯的勇士挺立在天地之間，大臣們高興極了。

當晚，大臣們向國王報告：「國王陛下，我們已找到你要的大樹，明天就派人去砍那棵大樹。」國王聽了十分高興，甜蜜地進入夢鄉。可是，國王那天晚上卻作了一個奇怪的夢，他夢見大樹裡住著一個精靈，牠從樹裡蹦出來站在國王面前說：「親愛的國王陛下，請不要毀壞我的居所。若你派人去砍我，每一斧都會令我十分痛苦，最後我會痛苦地死去。」但驕傲的國王回答得相當不客氣：「大樹，你是森林裡最好的一棵樹。我要用你來建造美麗的王宮，你是一定得死的了。」雖然精靈努力懇求，國王還是決定砍死牠。

最後精靈對國王說：「好吧！如果你眞的要砍我，我只好赴死了！不過，請你不要從樹幹砍斷，請先爬到樹梢，一枝一枝往下砍，而後才將整棵樹砍完吧。」

國王聽到這種砍法，覺得很奇怪：「照這種砍法，不是比一次砍斷還痛苦嗎？」

精靈回答：「是的。我確實會更痛苦，但爲了其他生物著想才請你這樣做。我是很大的樹，如果一次砍倒，便會壓死許多小樹、小動物，而許多小鳥昆蟲也會失去棲息地，所以請你一點一點慢慢砍。」國王驚覺：「那精靈居然甘願忍受痛苦，卻不讓其他生物受苦，而我竟然只爲了自己的享受與驕傲去砍伐牠。」於是，國王收回了砍樹的命令，並且到森林中向這棵樹及樹中的精靈獻花致敬。自此以後，他就變成一位仁慈、公正的統治者。

…………

馬明・西比利亞克：沒有過錯的人是不會替自己辯白的。

…………

從流下而忘反，謂之流；從流上而忘反，謂之連。從獸無厭，謂之荒；樂酒無厭，謂之亡。〈梁惠王下〉

從上游到下游玩樂而忘歸叫做流，從下游到上游玩樂而忘歸叫做連，不厭倦地打獵叫做荒，不知節制地喝酒叫做亡。

當劉備病逝以後，由小名阿斗的劉禪繼位，無奈他是個愚笨無能的人。諸葛亮等賢能受託輔佐，才使地居險惡的蜀國政局安穩，但諸葛亮後來鞠躬盡瘁，五十四歲便在戰中暴卒；當這些賢能之才相繼去世後，蜀國隨即被魏國所滅，劉禪投降被俘。他投降之後，被封爲安樂公，居於魏都。

有一回，魏國將軍司馬昭請他喝酒，在酒酣耳熱之時，司馬昭對他說：「安樂公，您離開蜀地已經很久了，因此我今天特地安排了一場蜀地之舞，讓您解解鄉愁。」

劉禪身旁的部屬看到了蜀地之舞，個個面色凝重，難過莫名，思鄉之情表露無遺，唯有安樂公依舊談笑風生，完全沒有難過的表情。

司馬昭感到奇怪，便問：「難道您不思念蜀國故鄉嗎？」

劉禪回答：「哈，這裡有歌舞，有美女，又有好酒，我怎麼捨得回蜀國嘛！」
司馬昭聽到此話，再看看劉禪身後難過的部屬們，搖搖頭說：「難怪攻蜀奇速，原來如此。」

…………

《聖經》：貪心的虛空，越想爭取更多，越覺得虛空。

…………

賊仁者，謂之賊；賊義者，謂之殘。

〈梁惠王下〉

破壞仁愛的人叫做賊，破壞道義的人叫做殘。

中東地區成爲二十一世紀的不定時炸彈，以色列與巴基斯坦彷彿永遠找不到和平的一日，爲何這兩個民族會有如此大的衝突？他們的仇恨源於長久以前的歷史。猶太人原本是古敘利亞族群之一，他們曾在三千年前在巴勒斯坦建立過王國，敘利亞小國在巴比倫與希臘文明的衝擊下亡國了，猶太人失去了土地，寄居在不同的國度裡，卻仍在舊約中找到精神支柱。

中亞的羅馬帝國建立後，猶太人展開了大規模的流亡，部份猶太人來到歐洲，他們沒有土地，沒有羊群，便開始做起生意。當時的歐洲人只懂得打獵、種田，毫無文明，猶太人運輸有無的功能很受歡迎。但是，後來歐洲人也學會做生意，便開始排斥猶太人。不過，猶太人受排斥的最大的原因是猶太人無法融合於歐洲文化，因爲猶太人只認同舊約聖經，被稱爲猶太教。即使是耶蘇基督的福音，他們也不認同。

君士坦丁大帝改信了基督教之後，掌握大局的基督徒便開始壓迫猶太教徒。於是猶太人在數百年間，輾轉流浪在西班牙、荷蘭等國家；與其說流浪，其實精明的猶太人掌握了許多有利的經濟資源，有時甚至「富可敵國」。他們開銀行放高利貸，吝嗇刻薄、一毛不拔是猶太人的代名詞。

在第二次大戰結束後。歐洲國際會議決定在巴勒斯坦圈一塊土地給猶太人。於是，全世界的猶太人便湧回聖地，當猶太人宣佈建立以色列國時，便開始趕走境內的巴勒斯坦人，發動對外戰爭，他們遺忘了自己被壓迫了千百年的歷史，開始壓迫當地的巴勒斯坦人，無情地摧殘巴勒斯坦人。更令人哽咽的是，因為經濟大權掌握在猶太人手裡，所以歐洲人往往站在以色列這邊，美國人更是偏私袒護。

這，便是今日世界所謂的：正義！

佚名：如果別人沒有同情心，他自己也不會得到憐憫。

以力假仁者霸，霸必有大國；以德行仁者王，王不待大。

〈公孫丑上〉

倚仗暴力又假借仁義來征戰的人可以稱霸諸侯，這種霸者定需強大的國力；依據道德來實踐仁義的人可以稱王，他使天下人心悅歸服，王者不必依賴強大的國力。

翁山蘇姬，有人說她是緬甸的命運女神，當緬甸民族英雄翁山將軍（翁山蘇姬的父親）被暗殺後，她便踏入政治。她的政治理念是：以和平的手段抗爭。當翁山蘇姬在全緬演講時，不斷重複這些話：「眞正的革命是精神上的革命，它是一種知性上的信服。一個只以政府、政策的改換，或者物質條件的改善爲目標的革命是很難成功的。沒有精神上的改革，那些不平等的活動依然存在，依然是一種威脅。」

翁山蘇姬認爲，社會眞正的進步是尊重人權。想要讓人權獲得重視，只能以非暴力的手段。她一再強調，我們要的是「和平而有紀律的」的民主運動，「我們不要暴力」。

不過，翁山蘇姬在一九八八年返回緬甸時便遭到軍政府長期軟禁，直到二〇一〇年十一月十三日，緬甸大選後才終於獲釋。

…………

西塞羅：嚴肅的人的幸福並不在於風流、遊樂與歡笑這種種輕佻的伴侶，而在於堅忍與剛毅。

…………

賢者在位，能者在職，國家閒暇，及是時明其政刑，雖大國，必畏之矣。

〈公孫丑上〉

讓有德行的人居於相等的官位，讓有能力的人掌理相等的職務，國家便無內憂外患，趁此時修明法典，縱使是強大的鄰國也會有所畏懼。

在廣西，流傳著一個這樣的寓言故事。有一棵小竹樹剛剛長了一丈高，原本還很高興自己長高了，沒想到接近地面的那一節被小蟲咬了許多斑痕。高大的榕樹看見了，便對牠說：「小竹樹，你請啄木鳥來幫你瞧瞧吧！啄木鳥能幫你醫治。」

小竹樹不以爲意，回答說：「沒關係啦！小蟲只咬壞我一點兒皮毛而已，不礙事的啦！」可是，沒想到過了不久，小蟲越咬越多，弄得小竹樹痛癢難耐。

大榕樹十分擔心，又對它說：「小竹樹，你請啄木鳥來幫你瞧瞧吧！不要再拖了。」

小竹樹固執得很：「不必請啄木鳥，我請蜜蜂來瞧瞧就好了。」蜜蜂飛到小竹樹身邊，拼命也想把小蟲嚇走，卻一點兒用都沒有，因爲蜜蜂身材太小了，蟲子們瞧不上眼，小竹樹的底節被咬得瘦巴巴的。

大榕樹實在看不下去了，便急忙請啄木鳥來醫治，沒想到啄木鳥才剛飛到，便刮來一陣大風把小竹樹給吹折了。要是這棵小竹樹能趕緊讓有能力的啄木鳥來幫忙自己，便不會造成這麼大的傷害。

....

但丁：人不應像走獸一樣活著，應當追求知識和美德。

....

君子之德，風也；小人之德，草也。草上之風必偃。

〈滕文公上〉

君子的德行，就像是和煦的春風，能吹拂眾人；而小人的德行，就像是路邊的小草，風往哪兒吹，便往哪兒倒。

春秋時期，齊國的宰相晏嬰雖然位居高官，生活卻極爲儉樸，出門時坐的馬車都十分樸素老舊，平日飯菜也十分簡單，有人問他，爲什麼要這樣節衣縮食呢？他回答：「齊國之士待臣而舉火者三百餘人」，原來他將自己的俸祿都拿去接濟別人了。

有一回，孔子受到齊王的接見講述治國的理念，孔子倡導禮樂之制，並且強調尊王重君的觀念，齊王非常喜歡他，想要任用孔子，但此時的宰相是晏子，晏子認爲禮樂之制需要大量的花費，並不適合齊國。因爲理念的衝突，孔子只好離開齊都，周遊列國去了。

雖然晏子與孔子的理念不同，但他們的思想與德行是影響深遠的，一直到現在，我們都還尊奉孔子爲素王，並且緬懷晏子的清廉勤政。魯國的另一名卿大夫季文子，也曾做過三朝宰相，他妾不衣帛、馬不食粟，以身作則以至於風行草偃，讓整個國家長治久安、百姓安居樂業。

歌德：光線充足的地方，影子也就特別黑。

民之為道也，有恆產者有恆心，無恆產者無恆心。苟無恆心，放僻邪侈，無不為已。〈滕文公上〉

理解民眾是有方法的，有一定生產收入的人，便有一定的道德標準，沒有一定生產收入的人，就沒有一定的道德標準。如果百姓沒有道德標準，便會胡作非爲，破壞綱紀，爲了自己什麼事都做得出來。

在儒家的觀念裡，道德是社會的理想秤衡，道德所依據的是人的教育、意志、思想、自覺。但是，如果人民的生存權利都沒有保障，更遑論高尚的道德理想；而這些生存權利，必須靠國家政治制度來確保。我們都曾目睹過舊政權的腐敗，卻不清楚新政權在沒有以制度保障人民生存權利下的「道德」有多麼滑稽可笑。道德是看不見的，也無法衡量，當一個人掌握權力時，誰也沒有把握他會依舊堅持道德。

從馬克思、列寧、毛澤東到史達林，無不對人類的道德投以莫大的抬舉，而得到的效果卻極爲諷刺。在今日世界裡，共產政權的腐敗、迫害，已經有目共睹，甚至淪爲笑柄，在人類崇拜道德的同時，何妨再思考一下孟子所說的：「道德的基礎在於生存品質。」

巴斯卡：人對眞實的生活總是不滿意，希望活在想像的生活之中，在這樣的生活中，別人眼中的我似乎和現實裡有所不同。

責難於君，謂之恭；陳善閉邪，謂之敬。〈離婁上〉

以仁政來要求君主，這是恭；向君主勸諫，不說邪佞之言，這是敬。

善於治水的禹死後，他的兒子啓改變慣有的禪讓制度，繼承了父親的職位，自此以後王位繼承便轉變爲世襲制，出現了「天下一家」的局面。夏朝建立了奴隸制，貴族爲了擁有奴隸及特權，便開始壓迫奴隸，並鎭壓平民的反抗。而後更設置軍隊，制定刑法，修造監獄，修建城牆，建立許多方便他們行使特權的機制，而王則是國家的最高統治者。

夏朝已經使用銅器，但當時的銅礦開採不易，無法用於農業生產，夏朝人普遍使用木製農具做一些簡易的耕種，不過當時已經有簡單的水利灌溉技術。以鐵器爲農具，是到了春秋時期才開始普遍的。

桀是夏朝的末代君主，是史上有名的暴君，據說大臣關龍逢捧著歷代帝王圖像向夏桀勸諫，希望王能以祖先創業艱辛爲念節儉愛民，勤於政事。

不過，夏桀沒有聽關龍逢的諫言，並且將他殺害。當時，四處發生荒災，作物荒圮，桀卻不管人民死活，依舊荒淫放縱。《詩經》裡「時日曷喪，予及汝偕亡」的歌謠，便是控訴夏桀的自私殘暴，意思是：「你這可惡的暴君，爲什麼不快點死呢？如果你還不死，我就要跟你同歸於盡。」可見，老百姓對夏桀已經痛恨極至。

後來商湯登高一呼，天下紛紛響應，向夏進攻，打敗了桀，夏朝便滅亡了。

車爾尼雪夫斯基：人都可能犯錯，假如一個人評判他所不了解的事物，他的錯誤也許還很荒唐呢。

為政不難，不得罪於巨室。

〈離婁上〉

君主要讓政治美好並不難，只要不得罪那些受敬重的君子就好了。

一九八九年四月十五日，中共前總書記胡耀邦病逝。胡耀邦是中共極少數爲政清廉的領導人之一，不過在一九八七年，他被指爲「反資產階級自由化」不力，黯然下臺，在他病逝後，北京學生們自發性地悼念胡耀邦，自然也發出了不平之聲，學生們在天安門廣場前公開說話，提出要與政府對話的要求。

四月十八日，學生們開始在天安門廣場集會靜坐，提出民主改革及爲胡耀邦平反等七項要求。四月二十日凌晨，公安以武力強行驅散新華門外的學生群，數百名學生被打傷。四月二十一日，學生罷課，並進行抗議，各校紛紛聯合遊行到天安門廣場通宵靜坐，許多教授與學生聯名遞交公開信給中共中央。四月二十四日，北京大學全面罷課，上海、長沙、西安、南京等各大城市紛紛響應。

五月十三日，學生們開始在天安門廣場前絕食請願。五月二十日凌晨，李鵬宣稱北京已陷入無政府狀態，將學運定爲動亂。六月二日，中共軍隊分批秘密進城，包圍廣場。六月四日凌晨，大批戒嚴軍隊包圍天安門廣場，學生和民眾被趕到人民英雄紀念碑。

當時正在廣場絕食的侯德健以及學生代表們與軍隊談判，要求讓學生安全撤離。但在學生撤離之前，軍人便架起機關槍對準紀念碑正面的學生掃射，大批坦克車和裝甲車衝向帳篷區將帳篷輾平，接著，軍隊繼續在城內向聚集的民眾開槍，傷亡人數無法估計。

這是六四天安門事件，許多人民與學生的生命與自由都成了這個運動的祭奠，漸漸的，這樣的血淚史，終也被健忘的中國人給遺忘了。

培根：人唯一可以自我誇耀的只有職責，因為承擔重大的職責是有權引以自豪的。

君子平其政，行辟人可也，焉得人人而濟之？故為政者，每人而悅之，日亦不足矣！〈離婁下〉

一個君子能將整體政治改善，出門鳴鑼開道也可以，怎麼可能要他一個個去討好所有的人呢！如果一個政治家一個個去討好眾人，那麼他的時間恐怕不夠用了，會這麼做的，只是個政客罷了。

一個政治家的條件是什麼？他應該是一個思想家、理想家及實踐家。一個能將自己的理念、思想付諸實踐的人，一個眞正將政策改善的人，才可以稱爲是一個政治家。

許多人抱著崇高的理想踏入政壇，卻被權力利益腐化，遺忘了自己曾有的理念、想法，淪爲戲弄政治的政客，可見，實踐是最重要的，不過如果沒有思想根基，沒有理想的實踐就沒有動力，便不知所求，不知所往。倘若要求政治美好，政治家就必須互相配合，尊重彼此，發揮團體的力量，才能完美地領導人民、國家。優秀的政治家必須有崇高的政治理想、清高的人品涵養，以及改善政治環境的能力，甚至要能提拔人才，爲群眾與國家的未來奠定基石。

站在一個超然的政治家面前，無能的政客相形見拙，他們不過是政壇上的垃圾，政客既不能自愛自律，只會攻擊與漫罵，政治環境被這些污衊者污染，淪爲無恥之徒胡鬧的場所，這樣惡性循環的結果，不僅毀壞整個政治環境，假以時日，更會毀滅整個國家。

…………

培根：榮譽之獲得，在於把一個人的所有才能和眞價無損無傷地顯露出來。

…………

君之視臣如手足，則臣視君如腹心；君之視臣如犬馬，則臣視君如國人；君之視臣如土芥，則臣視君如寇讎。〈離婁下〉

如果君主將臣子看成是手足，臣子便把君主看成是腹心；如果君主將臣子看成是狗、馬，臣子便將君主看成是一般人；如果君主將臣子看成是糞土草芥，臣子便將君主看成是強盜、敵人。

秦始皇是中國的第一個皇帝，據說他生性多疑，殘酷至極，最著名的歷史事件便是焚書坑儒。在始皇三十七年時，他第五次出巡，身邊帶著幼子胡亥和寵相李斯、趙高等人，北歸時，突然病死於沙丘，也有人說他是被趙高所殺。

夢想著長生不老的始皇，實際上只活了五十歲。始皇死後，李斯怕引起天下大亂，秘不發喪，他用鹹魚的臭味掩飾屍臭，與趙高等人將始皇的屍體運回都。而奸險的宦官趙高便加緊活動，與李斯、胡亥勾結起來，將長子扶蘇騙回咸陽會葬，並且揑造繼承皇位的詔書，令皇長子扶蘇自殺的信，亦將大將蒙恬賜死。扶蘇只好奉命自殺，大將蒙恬不服，隨即被捕殺，便是著名的「沙丘矯詔」。

將天下萬民視爲糞土的始皇，最後慘死在佞臣的手中，這種君主與群臣間彼此猜忌、彼此殘害的故事，在歷史上屢見不鮮。

…………

《聖經》：他們因著信，制服了敵國、行了公義、得了應許、堵了獅子的口、滅了烈火的猛勢、脱了刀劍的鋒刃；軟弱變爲剛強、爭戰顯出勇敢，打退外邦的全軍。

…………

以善服人者，未有能服人者也，以善養人，然後能服天下。〈離婁下〉

以善來使人臣服，恐怕沒什麼人會心甘情願地臣服；以善來薰陶教養人，這才能使天下的人都眞心誠意地歸服。

愛愛院的創辦人清水照子女士，放下了肩上的重任，以九十三歲的高齡過世了。她成爲臺灣救濟工作的里程碑，也是弱勢族群們心中最深刻的堡壘。

「愛愛院」的前身是「愛愛寮」，「寮」是小屋的意思，意思是這間小房子願意用愛來收容各處的流浪漢。愛愛寮創設於日治時期，它以有限的財物和人道精神來照顧流浪漢與乞丐，讓他們的人身安危能獲得最低程度的保障。從愛愛寮到愛愛院，我們對施乾夫婦（照子女士）無私的愛心與付出，不禁投以莫大的感動與敬佩。

如果，我們認爲乞丐的乞食行爲是一種道德上的瑕疵，那是來自我們心中深化的社會階級認知。乞丐的身份不只述說出個人的悲慘際遇，也反映出整個社會的集體意識，我們對乞丐所投射的眼光，說明著整個社會的功利心態與階級意識，除了悲天憫人的救助之外，在精神上，我們還能爲他們做些什麼？

…………

《聖詠經》：我們的日月，都在易怒中消逝；我們的年歲，也不過像一聲嘆息。

…………

有天爵者，有人爵者：仁義忠信，樂善不倦，此天爵也；公卿大夫，此人爵也。〈告子上〉

有自然的爵位，有社會的爵位。一個人心中有仁義忠信，且行善不倦，他獲得的是自然的爵位；而一般的公卿大夫所獲得的，不過是社會上的爵位而已。

天爵可以說是人所擁有的才能、德性，而人爵則是人在社會秩序中的地位。孟子所提到的「天爵人爵之論」，也是一種社會運轉的思考，現代的民主制就是這樣運轉的，之所以建立制度，就是爲了選才任能，這就是民主制度的雛型，一個民族必須要先有民主思想與民主的現實存在，才能產生民主的概念，以及與民主相關的名詞。

其實民主內化於人的意識裡，原始的民主存在於任何民族文化中，但是有些民族能夠將它現實化、具體化和制度化，也就是說實現出民主成果；而有些民族則處於蒙蔽的狀態，在先秦時代的儒家文化中便擁有民主思想，它們早就出現了，只是現實政治壓抑了民主思想，民主是人類走向自由的工具，也是對人性的高度尊重，民主是制度化的平等，但是沒有差別保證的制度化的平等也是毫無價值和意義。

不論是在孔子或孟子的思想中，都顯示出儒家文化中洋溢著民主思想，不過東周的人文環境無法表達出如今日的民主思想，孔子、孟子爲了妥協當時的環境，遂採取一種間接的、隱諱的方式表達他們的民主思想，也就是透過禪讓制度來間接實現民主。

…………

滋威格：心地純潔的人所做的努力，不會被認爲是無效或無結果的，道德上任何能量的花費，也不會在巨大的黑暗中消失而不留下影響。

…………

君子之於物也，愛之而弗仁；於民也，仁之而弗親。親親而仁民，仁民而愛物。

〈盡心上〉

君子對於萬物，愛惜它，卻不用仁德對待它；對於百姓，用仁德對待他，卻不親愛他。君子親愛親人，因而仁愛百姓；仁愛百姓，因而愛惜萬物。

由於中國古代是農業社會，而儒家產於古中國，依循自然規律來處理事物，節約自然資源，其實是儒家對生態倫理的核心思想。《中庸》說：「天地之道，可一言而盡也，其爲物不貳，則其生物不測。」意思是要人類節制慾望，並且合理地利用自然資源或開發自然資源，讓自然界的一切資源能夠進行良性的循環。所以孔子也說過：「節用而愛人，使民以時。」

孟子生於戰國時代，對於社會經濟與人民生計更爲重視，他將節約的思想加以闡釋，進一步要求統治者節制自己的物慾，合理運用國家中任何資源，注意發展經濟生產，照顧萬民的生存環境。孟子說：「易其田疇，薄其稅斂，民可使富也。食之以時，用之以禮，財不可勝用也。」「不違農時，穀不可勝食也；數罟不入洿池，魚鱉不可勝食也；斧斤以時入山林，林木不可勝用也。」孔子提升了人類在世界中的價值，而孟子則認識到萬物對人類的重要性，這就是儒家所提倡的「仁民愛物」，這種「仁民愛物」的精神反映出儒家對物質使用的觀念。唯有讓萬物順自然而生息，才有源源不絕的生活資源。

愛因斯坦：沒有什麼能像推廣素食那樣增進人類的健康，並增加地球上生命生存的機會。

周于利者凶年不能殺，周于德者邪世不能亂。〈盡心下〉

財利富足的人荒年都不受窘困，道德高尚的人亂世都不會迷惑。

過去大家樂十分風靡，許多人會在深夜造訪墳場、寺廟，只為了能一夜致富；或者有人傾家蕩產，燒佛毀壇，只剩下夜夜驚魂。有人說，臺灣的神佛眞可憐，得幫忙算明牌，不堪其擾；算錯了，還被毀屍滅跡，許多被丟棄或被燒毀的佛像出現在垃圾場中，被人不屑一顧。

這恐怕是中國傳統的現世主義作祟。眞奇怪！中國是一個非常喜歡化粧的民族，喜歡在小嬰兒眉間畫個小紅點討吉利，小姑娘愛畫個柳眉桃唇，到老了去世還得打扮得漂漂亮亮的；中國也是個討厭永恆的民族，每次改朝換代總把前朝文物燒個精光，把前朝的壞話說盡，老祖宗的墳能挖就挖，老祖宗的寶能賣就賣，將來，再說！總而言之，中國的現世主義在現代，已經發揮得淋漓盡致。

這種現世主義表現在物質觀念上最爲明顯，例如耽溺於物質享樂，大部份的中國人認爲，沒有肉體的舒適，就沒有精神上的享受，雖然陶淵明樸實、愜意的生活情境常被人們歌頌，但是有錢、有閒自然更好。大體而言，中國人都以豪華貴氣爲好，以簡易寒酸爲賤，所以許多中國藝術，比如京劇、歌仔戲、鳳陽花鼓等，其實是大眾藝術，這是中國式的享樂主義。

更有趣的是，這種中國式的享樂主義，經常帶著更中國式的馬虎精神，這種精神在社會新聞中比比皆是，建築上的偷工減料，導致住宅傾圮；工程的投機取巧，最後是賠了夫人又折兵；法律規範不完善，結果付出更大的社會成本，目前許多紕漏百出的「成果」，已經不言而喻。

…………

《聖經》：哀慟的人有福了！因爲他們必得安慰。

…………

民為貴，社稷次之，君為輕。〈盡心下〉

百姓是最重要的，次要是社稷，再來才是君王。

你相信當政治權力將要輪替時會出現異常天象嗎？在中國古代，從帝王將相到平民百姓都十分崇敬天，因爲天不但掌管四季、與人衣食；也常以各種天象預示、規範著人的思想與行爲的變遷。人若順天而行，天地便現吉兆，風調雨順、國泰民安；人若逆天而爲，天便降凶兆，乾旱少雨、兵變民亂；而帝王對這類天人交感更是敏感，歷代帝王都築靈臺、造九鼎，作通天禮器；設天文官，專司觀天、占星之職，爲其參謀問卜。「天垂像，見吉凶」，無論是王權在握的君王或舉兵起義的逐鹿者，欲問社稷的興衰、改朝換代的先兆、兵征天下的成敗都要問天觀象。許多歷史上改朝換代的期間，都或多或少存著一些天象異常的故事。

如《漢書・高帝紀》載：「元年冬十月，五星聚於東井，沛公至霸上。」

劉邦比項羽先入關中，若按照先前的約言，劉邦自然可以當王。劉邦在當時實力遠不如項羽，因而未敢稱王。但是那時卻有「五星聚於東井」的特殊天象，古人便認爲這是漢代將興起、劉邦將勝的徵兆，之後勢力強大的項羽果然敗北，劉邦建立了漢帝國。

另一個例子則在南宋末年，當時國力衰微，北方的蒙古人勢力漸漸興起。宋理宗昏庸無道，朝中任奸佞小人橫行，迫害忠良，禍亂朝庭，弄得人怨天怒。有一年秋天，天空出現了一顆慧星。《齊東野語》對這件事記載得非常詳細，「景定五年甲子七月初二日甲戌，御筆作初三日乙亥，慧星見東方柳宿，光芒炬赫，昭示天變。」意思是在宋理宗景定五年秋天七月的時候，有一顆慧星從東方掃過，它的光芒銳利，氣勢威嚇，明明白白地昭示著將改朝換代。

在古中國的觀念中，慧星是不祥的，代表兵喪之象，暗示人民生活餘災不斷、兵喪水旱、兇飢暴疾。這次天空出現極特殊的慧星，所對應出的社會現象已經非常清楚。十月理宗便駕崩了，又過了十五年，南宋眞的滅亡了。

……………

《聖經》：凡事都有定期，天下萬務都有定時。

……………

諸侯之寶三，土地、人民、政事，寶珠玉者，殃必及身。〈盡心下〉

諸侯的寶貝有三樣，土地、百姓和政治，以珍珠美玉爲寶貝的，禍害一定會到他身上來。

中國有一本寫典章制度的專史名叫《通典》。《通典》是杜佑所作的，杜佑是盛唐人，他出身於名門大族，在二十歲左右便開始從政，可以算是年輕有爲，到了四十歲左右，他已經是中央高級官員了，七十歲任到宰相，七十八歲因病退休，不久便去世了。

杜佑有很高的文學修養，又有豐富的政治經歷，他以史學觀點來處理實際的政治事務，並以政治家的態度從事寫作，他在這兩方面的表現都非常傑出。《通典》的寫作開始於七六六年，完成於八〇一年，整整用了三十五年的時間，可說是花費了杜佑全部精力，透過對歷史政治、典章制度各方面的考察，企圖對當時政治活動提供有利的幫助。

《通典》在內容上載有食貨、選舉、職官、禮、樂、兵刑、州郡、邊防等八門。杜佑在《通典・自序》中明白指出：「夫理道之先，在乎行教化，教化之本，在乎足衣食……。」在每一門目中又細分子目，對於各種制度及史事都原原本本地詳細介紹，有些還引錄前人的評論或寫下自己的看法；由此可見，《通典》經世致用的價值是非常高的，它是典章制度專史的開創之作。杜佑把史書中的書志部分獨立出來，使得書志體裁漸漸成熟、發展，並爲這類體裁開闢了廣闊的天地。《通典》所記上起遠古時期，下至唐代中期，包羅社會、政治、經濟等各方面的制度，不論是敘述歷代土地、行政制度的《食貨典》，對土地變遷、租稅、戶口、貨幣等事項都做了詳盡的考察；敘述歷代官制的《職官典》，把各級文武官員的情況也都敘述得清清楚楚。

另外，杜佑也在書中表達了自己對政經制度的各種看法。他認爲社會經濟是治安的關鍵因素，治理國家重教化，而教化的前提便是豐衣足食，不能滿足百姓生存基本的需要，一切制度形同虛設。杜佑在長期實踐中體認到糧食、土地與人是治理國家的重點；有了糧食才能使國家富庶，使民不愁衣食，使戶口傜役平衡。這三件事情辦好了，自然民富國強。

《聖經》：「你們是世上的鹽；你們是世上的光。」

卷六

天人性命合一

能夠將心裡的善念實際去施行，
就是真正懂得了人性，
真正懂得了人的本性，
也就懂得天命了。

君子之於禽獸也，見其生不忍見其死，聞其聲不忍食其肉，是以君子遠庖廚也。

〈梁惠王上〉

一個君子對於大自然裡的飛禽走獸，往往是看到牠們活生生的，就不忍心見到牠們失去生命；聽到牠們臨死前淒厲的悲鳴聲，就不忍心去吃牠們的肉。所以，君子總是遠遠地離開殺禽宰獸烹煮肉羹的廚房。

有一次齊宣王坐在殿堂上看見一個人牽了頭牛穿過堂下，齊宣王看見了就問：「要把牛牽到哪裡？」那人回答：「要牽去殺來取血祭新鐘。」宣王聽了便下令：「放了牠吧！我不忍心看牠驚恐哆嗦的模樣，就好像毫無罪過卻要被處死一樣。」那人聽了就問：「那麼，是不是要廢除祭鐘的禮儀？」齊宣王遲疑了一下，回答說：「禮儀怎麼能夠廢除呢？改用一頭羊來頂替吧！」

老百姓們聽說了這件事，只說齊宣王太吝嗇，居然連祭鐘這樣的大事都要節省下來，以小易大，用羊來頂替牛。孟子卻體會到這樣的舉動其實是一種仁慈心術的體現，一個國家的主政者能夠擁有這樣一顆柔軟的心靈，才眞的是國家的福氣。

雖然孟子說這話時解釋了只是齊宣王以羊代牛的內在動機，可是「君子遠庖廚」這句話卻對求學時期的我造成了一場心理的大論戰。

我無法理解，既然孔子都要我們「己所不欲勿施於人」，那爲什麼身爲一個君子，卻把自己的「不欲」（庖廚）丟給別人去做，還理所當然地對自己的善舉津津自得？難道眞的是「眼不見爲淨」嗎？許多自詡爲「遠庖廚的君子」，甚至心安理得的吃著盤中的「山珍海味」，卻看不起那些靠著屠宰牲畜維生的小販，在背後以「業報」來非議其人。一樣是殺生，難道藉由別人的手去做，自己坐享其成，就眞的不用負責任了嗎？對於這樣的心態，我實在不能苟同啊！

…………

李察・吉爾：作爲這個星球的守護者，以善意、愛和同情來對待一切物種是我們的責任。這些動物遭受人類的虐待是不可理解的，請幫助制止這種瘋狂。

…………

權，然後知輕重，度，然後知長短，物皆然，心為甚。〈梁惠王上〉

秤一秤然後才知道東西的重量，量一量才知道東西的長短。所有的東西都經過測量，人的心更應該如此。

大部份的人在面對選擇的時候，並不眞的知道自己在做什麼，所做的行爲，與預期的目標往往背道而馳，作成的決定經常都是「緣木求魚」的荒謬行徑。所以會造成這樣的結果，其實就是在行動之前，沒有眞正認清楚事情眞實的面貌與自己內心眞正的願望。然而，我們的心識並不容易澄清，內心的想法往往就像一團絞在一起的毛線，找不到眞正的頭緒。連孔子也承認這顆難以捉摸的心「出入無時，莫知其向」，難以掌握。

心理學家告訴我們，人類的頭腦除了清醒狀態下的意識外，還有比這個意識大上許多的潛意識；根據榮格的理論，在潛意識之外，還有所謂的集體潛意識。而這些人們幾乎難以察覺的潛意識與集體潛意識，卻是隱藏在人們行爲之下的眞正動機。如果，我們決定一件事情時，對自己並不是眞正的清楚，那麼就可能成爲錯誤判斷的犧牲者了。

學生時代，我在社團幹部任期內曾擔任過幾次重要活動的執行長。當時，由於年輕氣盛，做起事情總憑著一股莫名的衝勁，還沒有慎謀遠慮的智慧，也沒有因人任職的眼光，幾次活動下來，不說自己撞得滿頭包，連共事的朋友也跟著我走了不少冤枉路……現在回想起那段青澀的歲月，雖然還是帶著滿滿的感激，對於當時與我共事的學友們，卻還是有著深深的愧疚。然而，經由這些失敗的經驗，「做事情要深思熟慮，選人才要審慎評估」的道理才眞正地進入我的認知。

當我們面臨一些抉擇卻不知道該如何決定時，不妨拿出紙筆詳細地分析利弊得失，並且把內心的感受想法完整地條列下來，審慎地考量下做成的決定，比起盲目的行動還可靠，更能夠接近預期的目標。

…………

培根：自誇自賞是明智者所避免的，卻是愚蠢者所追求的，諂媚者所奉獻的。

…………

無恆產而有恆心者，惟士為能；若民則無恆產，因無恆心。〈梁惠王上〉

沒有穩定的產業收入而能夠有堅守正道的心志，這只有讀書人才能做到。而一般的平民百姓們，只要沒有穩定的產業收入，也就沒有能夠安份守己行走正途的心志了。

有人說生命是一間學校，每個人都在這間學校裡學習自己的課題。有的人一路走來陽光燦爛，有的人卻只看見沿途滿佈的荊棘；有的人認眞面對眼前的風浪，有的人卻寧願躲在幽暗的角落，活在自己的世界。

許多人年少的時候對於人生都有一份自己的理想，對自我也有一份偉大的期許。然而在現實環境幾番打擊下，卻成爲折翼的小鳥，除了求取溫飽外，再也不敢奢求更多的美好，更甚者爲了生存挺而走險，作奸犯科無所不爲。

能夠在現實環境的風風雨雨裡始終堅定自己的心志不被挫敗，面對世間的榮華富貴願不降格以求，眞的必須比別人擁有更多的堅持。因此「一簞食，一瓢飲，居陋巷」不改其樂的顏回，的確有其偉大之處。

在日劇《麻辣教師》中，有一幕讓我受到感動並且留下深刻印象的畫面。劇情是這樣的：教科書出版商人爲了接到學校的訂單，不惜低聲下氣賄賂承辦的老師。不料這樣的事情被女兒發現了，對自己父親以不正當的手段爭取訂單的行爲感到羞恥，不願承認父女的關係。做父親的惱羞成怒，認爲自己的行爲都是爲了家人的溫飽，女兒沒有資格責怪他。這時女兒衝口而出的一句：「別爲你自己的行爲找藉口。」痛痛地打醒了父親，也狠狠地敲擊到觀眾的心靈。

一個負責任的人，無論身處在怎樣的環境裡，都會清楚自己的現實，並不會因爲外在環境的惡劣改變自己的操守，更不會爲自己的妥協讓步找藉口。

....

科恩：羞恥感在心理上比恐懼還複雜，它以較高的自覺水平爲前提。

....

君子創業垂統，為可繼也。若夫成功，則天也。

〈梁惠王下〉

賢能的君子開創事業傳承給子孫，子孫就可以世代繼承他的功績。至於是否能夠順利功成名就，那就得看天意了。

三國鼎立的歷史一向是後代津津樂道的盛況，在那龍爭虎鬥、人才輩出的年代，每個人都懷抱著濟世的理想，用血淚去編織安定天下的願望。劉備的知人善任、諸葛亮的鞠躬盡瘁、關雲長的忠義、張飛的驍勇……，早已栩栩如生地刻劃在每個三國迷的腦海裡。然而，這些人拋擲青春血淚好不容易換來的蜀漢江山，卻在「扶不起的阿斗」後主劉禪的手中白白地斷送了。逐鹿中原的豪情壯志隨著歷史的長河煙滅，徒留下後人無限的唏噓。

著名詩人劉禹錫遊經劉備祠前時，寫下了〈蜀先主廟〉：「天地英雄氣，千秋尙凜然；勢分三足鼎，業復五銖錢。得相能開國，生兒不象賢；淒涼蜀故妓，來舞魏宮前。」就是寫劉備一生歷經無數磨難，好不容易才得到三分天下建立蜀漢的績業，兒子卻輕易的將江山拱手讓人還樂不思蜀的史事。這樣的結局，讓人不禁爲劉備感到無限慨惋啊！

其實就現代的眼光看來，劉備可以決定將他的一生都奉獻在實現恢復漢室、平定天下的志業上，但劉禪本身根本沒有這樣的使命感，卻被逼著必須承擔超乎自己所能負荷的重擔，平心而論也有一定程度的無辜。也許，如果他們能夠拋開子承父業家天下的思想包袱，讓眞正具備才德的諸葛亮有機會完全施展，歷史將會全面改觀。畢竟，一個人眞正需要的只是一個適合的位置，再高、再好的地位，卻沒有可堪匹配的能力，也只是枉然。

孟子說「若夫成功，則天也」，人生在世儘可以努力追尋自己的理想，只要確定好志向，追尋的過程才是眞正的收穫。所謂「盡人事聽天命」，世間事經常以一種我們難以探知的方式運轉，只要我們曾經努力掙取過，在過程中學習過，在這樣的經驗中得到了成長，一切也就不枉了。你說是嗎？

…………

歌德：每個人都應該堅持走他爲自己開闢的道路，不被權威所駁倒，不受時興的觀點所牽制，也不被時局所迷惑。

…………

行或使之，止或尼之，行止，非人所能也。〈梁惠王下〉

要進行一件事情時，或許會有人去促成它；不進行，或許也會有人來阻撓它。進行或不進行，並不是只靠人力就能夠決定的。

魯平公原本要去拜訪孟子，他的寵臣臧倉知道後告訴他：「您爲什麼要降低身份去拜訪一個普通人呢？孟子雖然提倡禮義，可是在料理後死的母親的喪事上，卻遠遠超出辦理先死的父親的喪事。這樣的人，您還是不要去會見他吧！」魯平公聽了覺得有理，就打消了拜訪孟子的念頭。

樂正子對於魯平公突然改變行程感到相當不解，於是入宮去拜見平公，問道：「您怎麼沒去訪問孟軻呢？」魯平公把臧倉的話轉述給樂正子聽。樂正子聽了，才告訴魯平公孟子辦父母的喪事時，使用棺木器具之所以有精美講究的差異性，只因爲孟母過世時孟子的經濟能力比起孟子父親逝世時富有罷了。孟子在辦理喪禮時，並沒有踰越或者偏袒的失禮之處。雖然，誤會是解開了，但孟子畢竟還是因此錯過了與魯平公晤談的機會。

後來，樂正子把整件事情的經過告訴了孟子。孟子聽說後，並沒有怪罪在當中進讒言阻止魯平公見孟子的臧倉，只是平心靜氣地告訴樂正子：「一件事情的進行，或許會有人去促成它；不進行，或許也會有人來阻撓它。進行或不進行，並不是只靠人力就能夠決定的。我不能夠順利和魯平公會談是天意決定的。這個姓臧小子的言語，怎麼能夠是我們不能會晤的原因呢？」

一般人在知道自己原本擁有的機會在別人不負責任的言語中被剝奪時，大多會對搬弄是非的小人深惡痛絕，並且爲自己失去的機會感到惋惜。而孟子在遭遇到這樣不公平的對待之後，還能夠冷靜思考並接受事實，更不因此而產生憤懣或沮喪的情緒，就是一個君子如何面對挫折的最佳示範。

…………

雨果：把希望寄託在一個人身上而活著是危險的。

…………

夫仁，天之尊爵也，人之安宅也。莫之禦而不仁，是不智也。

〈公孫丑上〉

仁，是上天最尊貴的德，是人心安定的住所。沒有任何的阻力卻不講行仁德，就是不明智。

孔子說：「里仁爲美。擇不處仁，焉得智？」既然人可以選擇居住的環境，如果不選擇一個讓自己安適的環境來居住，怎麼能算聰明呢？而仁是我們的心可以安在的處所，如果可以選擇行仁德卻寧願捨棄不行，這不也是一種不智嗎？

我們生活在現實環境裡，每天面對許多的抉擇，而我們目前生活的樣貌，就是我們先前的選擇導致的結果，我們現在的選擇，也將決定我們的未來。所以，我們生存的樣貌，端看我們如何去選擇。到底要怎麼決定呢？什麼樣的決定才是我們眞正想要的呢？孟子的回答只有一個，那就是以「仁」爲標準，凡事但求心安理得，就是最明智的抉擇。問題就在一般人早已和自己的內在脫離，變得對萬事萬物不敏感了，陷溺在欲望追逐的夢魘無法自拔。因此，要如何安住在內心的仁而不迷失呢？

網路上有人摘譯了現代印度心靈導師克里虛納穆提在「Think on These Things」中提到的「單純的愛」。克氏觀察一些在聊天中無意識地拔下花丟棄的男孩，問道：「你是否注意過自己做這樣的事？」這就是一種表現內在暴力的方式。這樣的行為是那麼地無意識，以致於我們幾乎不會去察覺，甚至已經見怪不怪，習以為常了。

對我來說「仁」和「愛」是非常接近的，安住在仁裡，就是安住在愛裡，克氏所說的單純的愛並不是複雜的性愛或是對客體的神的愛，單純的愛就只是愛，能夠溫柔、和順的做每樣事情就是愛。既然沒有任何阻力來阻止我們安住在仁中，那麼如何學習真正單純的愛，就是我們重要的課題了。

…………

高爾基：人的願望沒有止境，人的力量用之不盡。

…………

不仁、不智，無禮、無義，人役也。〈公孫丑上〉

不仁、不智，無禮、無義的人，只能夠被人使喚罷了。

儒家的思想始終有一股文人的傲氣，並且有一種「知其不可而爲之」的堅持。對儒者來說，如何提高自己的品格修養，轉化自己生命的境界，是一個永無止境的歷程，往往窮其一生的精力，就只爲求取人格的進境。

儒者的使命感讓我記起大學的「論孟」課程。那時，老教授總是拍著自己的額頭，說出一句話：「我的老天爺啊！說了這麼多，儒家的思想啊，簡單一句話就只是要人——從動物——變成一個能夠挺直脊骨直立行走的人。」從孔子到孟子，甚至後來的漢儒、宋明理學之士……所有的教導只是要人挺直腰桿、理直氣壯、頂天立地的做一個「人」，如此而已。而我總在臺下，爲著老教授那具有穿透力的明亮眼眸與渾身散發的莫名氛圍酸了鼻。

孟子說：「被人使喚卻又以充當奴役爲恥，這就好像是製造弓的人把造弓引以可恥，或者製箭的人以製箭爲可恥的事一樣。與其爲這樣的事情感到羞恥，還不如好好修養自己本身的品德。眞正會自我修養的人就好像弓箭手，一個射箭的人一定要先端正自己的姿勢後才會發箭，放出箭而沒有射中目標時，他不會去埋怨成績比自己好的人，只會轉過身來檢討自己的技術不佳罷了。」而那些不仁、不智、無禮、無義又不懂得自我反省，只會怨天尤人的人們，就一輩子只能夠被人使喚了。

就是因爲儒者是如此重視自身的修養，以天下人的福祉爲己任，因此，對於那些渾渾噩噩、對自己的人生沒有期許、找不到人生目標的芸芸眾生，也就更有一份痛切的憐憫之情了。我猜想當孟子罵出「不仁、不智，無禮、無義，人役也」那一刻，他的內心深處，對於這些迷失在現實環境裡找不到支持內心安定精神力量的人們，也有著一份深刻的悲憫與關懷吧！

…………

歌德：人畢竟是人啊！當他激情澎湃、受到了人類的侷限壓迫時，他所可能有的一點點理智便很難起作用，或者說根本起不了作用。

…………

誠者，天之道也。思誠者，人之道也。〈離婁上〉

誠，是上天自然的規律。追求誠，是做人當然的道理。

一個人活在世界上，就好像一棵樹木一樣。樹木活得愈久，枝葉愈繁密，人年紀愈大，人際的網脈就愈複雜。每天每天，我們都無法避免與許許多多的人相遇、相處，每天每天，我們所面對的就是由這些人際關係組成的世界。那麼，在這樣的世界裡，要如何得到上司與下屬的信任？如何得到朋友的交心與信賴？如何博得父母的歡心？

孟子告訴我們，只要拿出誠實無妄的眞心，沒有人不會被這份誠意所打動；當然，一個不誠懇的人，也永遠無法眞正感動人。

然而在現今一切講求速食的都市社會裡，人與人的關係愈來愈疏離，心與心的距離愈來愈遙遠。生活愈便利，人與人的互動就愈少；社會愈進步，個體的存在性就愈模糊。寂寞、孤獨、迷失感……已然成爲現代人苦悶心靈的常客。

每個人都希望被人眞誠相待，卻又害怕坦露自己的眞心，就好像先拿出眞心待人的一方，就比對方矮上一截似的。說別人冷淡，其實是自己封閉；得不到眞誠，其實是自己不誠懇。由於這樣的恐懼普遍存在，每個人都在等待別人的眞誠，卻不願先誠懇對人，到最後，沒有人能夠得到眞心的對待。

信任，在這個網際網路的新時代，彷彿已成爲神話。

《最後十四堂星期二的課》裡，即將面對死亡的老教授墨瑞說：「你若要讓別人信賴你，你也要能感覺到你可以信任他們，就算你置身黑暗中，就算你在向下掉。」把心門關上了，別人是傷害不到你，但同時也把那些對你眞心誠意的關懷拒之門外。想想看，與其關在自己的世界裡自憐自艾，何不敞開心門眞誠地對待身邊的每一個人，信任自己能夠給出心中的溫暖，同時也信任別人，讓所有的善意流入心房，溫暖並豐富彼此的生命。

…………

池田大作：我們陶醉於自己的力量，不是做該做的事情，而是在做能做的事情。

…………

大人者，不失其赤子之心者也。

〈離婁下〉

一個品德修養成熟的人，是一個沒有失去單純天真的童心的人。

眾所皆知，孟子的人性觀是「性善論」。他肯定人性的本質是美善的，並且相信每個人都有追求美善的本能。而那些在現實生活裡不斷上演的鬥爭醜態，就是人心腐化的結果。

當一個小孩子出生時，是全然地天眞與純潔的。小孩子對於大人世界的複雜是一無所知的，他們總是張著那雙無邪的眼睛，對每個接觸的人完全地敞開，對這個世界完全地信任。然而，由於先天的受限，在長大的過程裡，不可避免的，一個小孩子也將在周遭的環境裡獨自一人跌跌撞撞地進入成人的世界。

由於外界的環境是那麼詭譎多變，人與人之間的關係是那麼複雜難斷，爲了保護自己能在這樣的世界存活，小孩子在變成大人的過程中，就放棄了最初的單純與眞實，變得複雜又虛僞，不願信任本初的那顆美善的心靈。也正因爲要放棄那份與生俱來的純眞是那麼容易，能夠保有這樣一顆永遠眞實無僞的赤子之心就顯得更加難得了。

一個德性修養成熟的人，就是一個將自己投身於世、努力去體驗生命的人，他已經在自己身上體現自然至誠的眞理，對於世間紛紛陳陳的擾攘，早已洞然若燭通達萬變。看盡了世事的紛雜與錯亂，反璞歸眞回到最初的單純也就是最後的歸途。所謂「大人者，不失其赤子之心也」，就是因爲他的洞見是那麼直接清晰，事情的樣貌已如實地呈現在他眼前，他已不再被外物所迷惑，能夠用那雙純潔天眞的眼睛清晰地看世界。

所以，對孟子來說，所謂提昇生命境界的修養工夫，爲的就是找回那顆失去的赤子之心。

池田大作：人有兩次誕生，第一次是生存上的誕生，也就是生而爲人的誕生；第二次是生活上的誕生，也就是變爲成人的誕生。

人之所以異於禽獸者幾希。庶民去之，君子存之。

〈離婁下〉

人之所以和禽獸不一樣的地方只有一點點。普通的人們拋棄它，君子卻保存它。

我很喜歡觀看 Discovery、Explorer 或國家地理頻道的節目，其中野生動物的生態，往往讓我這個「萬物之靈」的普通人類難以想像，有時看到動物母子之間濃厚的舐犢情誼，還會大嘆「人不如物」呢！讓我印象深刻的現象是——動物世界裡的新生兒，幾乎都是一出生就具備了可以適應外界環境的能力。牠們似乎天生就有求生存的所有本領，雖然有些動物為了生存還必須學習各種後天的技巧（例如：鷹、豹、獅子……等猛禽猛獸必須學會狩獵的技術；羚羊、斑馬……等草食性動物則必須學習觀察環境的本領），但比起人類，動物的學習與成長所需的時間，簡直就是奇蹟的速度了。

一個人類的小孩剛出生時，根本不具備任何可以保護自己的能力，如果將他隨意棄置在野外，就只有死路一條了。以人類來說，一個小孩子要在父母或家庭的保護下成長，直到十八、二十歲才算是一個成年人，才能在社會上自立。現代社會由於求學時間延長，成年人從家庭獨立出來的年齡正逐年上升，許多人甚至過了三十歲都還處在求學的階段，還未脫離原生家庭的保護傘。

在這樣一段漫長的成長歲月裡，一個天眞不諳世事的孩童，在周遭環境的引導下，也逐漸長成爲一個世故練達、懂得人情冷暖的成年人了。觀諸由這些成年人互動產生的社會現象，一幅幅現代叢林野獸派的畫面就呈現在眼前。然而動物世界的弱肉強食、適者生存的自然法則，在人類社會上演出時卻顯得特別觸目驚心，讓人情不能堪。同樣是血肉之軀，同樣得到天地的滋養，是什麼獨獨讓人對於所有的殘暴無法心安呢？

孟子告訴我們，這種會感覺到悲憫、能夠自我反省的心，就是一個人和那些懵懂無知的動物唯一的區別！

…………

季羨林：不知自重的人，他的行徑就跟一棵草一樣，渾身沒有骨氣，卑躬屈膝、輕浮地左右動盪。

…………

莫之為而為者，天也；莫之致而至者，命也。〈萬章上〉

從來沒有想要這樣做，竟然眞的做到了，這就是天意；從來沒有想要達到的目標卻達到了，這就是命運。

一件事情的成功與否，存在著許多複雜的因素。人爲因素固然經常是事情能否進行的原因之一，但最終能否成功，在結果還未揭曉之前，是任何人都無法保證的。然而，面對著這樣未知的狀況，一個人對於自身的作爲要抱持著怎樣的態度呢？

孟子對於禹傳位給啓而被質疑爲道德衰微的史事這樣解釋：「不對！事情不是這樣的。天意要授給賢人，王位就會傳給賢人；天意要授給他的兒子，王位就會由他的兒子繼承。舜向天推薦禹，舜死後，禹雖然爲了要讓舜的兒子繼位而避居到陽城，但天下的百姓卻只願意跟隨他。就像堯死後，天下的百姓跟隨舜而不跟隨堯的兒子一樣。禹在位時，也向天推薦益，等到禹死後，益也像禹一樣退避到箕山的北邊去，然而天下的百姓並未到箕山跟隨益，那些要朝見、打官司的人反而都跑到啓面前歌頌著：『啊！我們君主的兒子啊！』堯的兒子丹朱不爭氣，舜的兒子也不爭氣。而大禹輔助舜的年代久，對百姓們的恩惠也長！他的兒子啓很賢明，能夠恭敬地順承父親的治理之道。而益輔助禹的時日不長，對百姓的施恩也未入人心。因此，百姓們都願意跟隨啓，接受他的領導。舜、禹、益三人輔政時間的長短，兒子的爭氣不爭氣，都是天意的安排啊！並不是人力能夠改變的。」一個普通人能夠治理天下，除了在道德修養上要像舜和禹一樣外，還必須得到天子的推薦才可以，所以，孔子雖然是一個聖人，也沒有得到天下。

然而，雖然說修身不見得能夠施展平天下的抱負，能否達到目標或得到機會體現自己的理想，只能依靠天命的機運。一個人難道要因此而放棄所有的努力嗎？人生是自己的，要如何演出都在自己，審判你的人，永遠都只有你自己。來人世走了一遭，我們的所作所爲但求無愧於心而已，不是嗎？

羅曼羅蘭：痛苦可以教育某些人，可是對於另一些人，痛苦反而使他們迷失方向。

孔子進以禮，退以義，得之不得曰：「有命。」〈萬章上〉

孔子依照禮節而進，依照道義而退，無論得與失都說：「讓命運安排吧！」

萬章問孟子說：「有人說，孔子周遊列國時，到了衛國住在衛靈公寵信的宦官癰疽的家裡，到了齊國又住在宦官瘠環的家裡，這些事情是眞的嗎？」

孟子回答：「這些事情都是好造謠生事的人散佈的，不是眞的。孔子在衛國時，暫住在顏讎由家中，衛靈公的寵臣彌子瑕對子路說：『如果孔子來我家住，就可以得到衛國卿相的職位。』子路把這些話轉告給孔子，孔子只是淡淡地回答：『讓命運去安排吧！』孔子依禮而進，依義而退，無論得與失都說：『讓命運安排吧！』如果他眞的是住在癰疽和瘠環的家裡，那就是沒有禮義、不聽命運了……。我聽說過，觀察在朝爲官的近臣，就看他所往來的客人；觀察遠來求仕的士人，就看他所寄宿的主人。如果孔子眞的住在那兩個人的家，那他怎麼還能算是德高望重的孔夫子呢？」

一般人行事，如果能有可以攀緣的助力，就好像溺水的人看到浮木，總是拼盡全力去捉取，很少有人能夠停下步伐，審愼地去考量這助力來源的正當性。如果遇上了與自己理念有衝突的助力來源，是否妥協以獲得支援就成爲一場心性的試煉。大部份的人總是貪求眼前的近利，儘管與對方的理念不相合，甚至明知氣味不相投，也不惜委屈自己的原則，選擇這來到眼前的好處。

然而，一個眞正有智慧的人，就像孔子一樣，絕不會爲了得到晉升的機會而降低自己的格調與那些品性有問題的人爲伍。因爲，能否得到機會施展胸中爲天下人謀福利的大志並不是強求就可以得來的；而能夠抵擋住這些外物的誘惑，堅持自己的理想，才是自己眞正可以選擇的。扮演好自己的角色，不貪不求，將一切的結果都交由老天去決定，這又是多麼不容易的修養啊！

…………

巴爾扎克：欲望比實際享受更誘人，希望得到的東西比實際擁有的東西更吸引人。

…………

仁義禮智，非由外鑠我也，我固有之也，弗思耳矣。〈告子上〉

仁、義、禮、智這四種德性，不是由外在的因素鍛鍊我的，是我自己原本固有的，只是不曾有意識地去思索探求而已。

我常常會因爲太過專注去思考一些事情而處於一種恍惚的狀態裡，對於一些日常生活上必須時時留意的大小瑣事有經常性的健忘症。有幾次，因爲忘記加油，機車就在半路上罷工不動了。

有一次，在寒流來襲的冬夜，我騎著車在兩旁有點陰暗的馬路上，正要穿過高速公路下的隧道，機車卻漸漸減速終至停擺，然後就再也發不動。經過幾次的經驗，我也知道肇禍的原因，只好認命地拿下安全帽，退到路旁準備牽車到最近的加油站去。只不過，距離最近的加油站也要走上兩、三公里路。就在我吃力地牽著沒油的車向前走時，兩個騎著一輛輕型摩托車的女孩子經過我身邊沒多久又折返回來，問清楚我的問題後，就叫我等在那裡，要去幫我買汽油。

縮在寒風中等待的時間裡，說眞的心裡還是有著幾分的忐忑，未曾謀面的陌生人，居然願意花費自己寶貴的時間來幫助素昧平生的我？這樣的好事情，不是只有電影或連續劇才看得到嗎？就在我一片胡亂的思緒中，這兩個在寒夜送汽油的天使又出現在我面前。經過了這麼久，每當我想起那一夜的經歷，就會有一股暖暖的熱流穿透我全身。

那兩個女孩可能覺得做了一件不足掛齒的小事，卻眞實地溫暖了我那片刻的生命。在她們身上，我眞的感受到孟子一直強調的那份可貴的心靈。人性當中，出自本能的眞心與善意無論稱它爲什麼，說的就只是這些來自心靈聲音催促的行動而已啊！

…………

高爾基：感覺不到自己心裡有願望存在，就等於沒有生命。

…………

富歲，子弟多賴；凶歲，子弟多暴。非天之降才爾殊也，其所以陷溺其心者然也。〈告子上〉

在豐收的年裡，子弟多半有依賴而可以爲善；在欠收的災荒年裡，子弟多半殘暴而做惡。這樣的現象並不是因爲天生的本質不同，實在是外在的環境讓人心靈腐蝕的結果。

連續幾年不景氣的紅燈讓富有了幾十年的臺灣人開始感受到經濟的寒流，每個人最關心的話題就是怎麼保有穩定的經濟。經濟不景氣，百業蕭條，謀生困難的人愈來愈多，犯罪率也逐年上升。打開電視、攤開報紙，許多令人不寒而慄、聞之色變的犯罪手法層出不窮，讓人不禁大嘆「世風日下，人心不古」！然而所謂的「人心」從來沒有「古」過。

僅管物換星移，人類的生活已從原始穴居進化到今日便捷的科技時代，人性卻始終是一樣的。早在孟子的時代，就已經知道外在的環境將會對人的行爲造成多大的影響。一個人活在世界上都有最基本的生存需求，一旦他求生存遇到了困難，處在無法讓他安然生活的環境時，爲了生存下去，大多數的人爲了生活也就顧不得其他了。

在物資豐盛的時候，每個人只要願意付出，都能夠輕易地得到生活的所需，甚至還能消費基本需求外的物質享受。所以，即使讓他把自己的東西和人分享，也是輕而易舉的行爲。然而，在物資短缺的時候，在粥少僧多的情況下，爲了爭奪這些物資，人與人之間的利害衝突就更加凸顯，因此，明爭暗鬥或者巧取豪奪的場面也就成了慣常的演出。在這樣險惡的環境中，別說讓他拿出點東西幫助人，就是要他放棄與人的爭戰都是困難的。

當一個人陷溺在環境、看不見自己時，環境也許會是影響他行爲的關鍵，然而那些平時就致力於修養自己、對自己的行爲動機有意識的人，卻會不斷地在不同的情境裡看到自己的局限，一步一步地讓自己放掉緊捉不放的慾望與恐懼，回到最初無染的心性。

....

羅斯福：當人類從每一次危機、每一次劫難、每一次災禍中獲得新生時，他們的知識變得更加廣泛、道德更加高尚、目標更加純潔。

....

所以動心忍性，曾益其所不能。

〈告子下〉

震撼他的心靈，磨練他的心性，增強他的能力以彌補不足的地方。

我們常常喜歡為發生的事情下判斷：發生了一些事情，我們覺得是好事情，所以我們就感覺到快樂，發生了另外一些事情，我們覺得很倒楣，所以我們就感覺到沮喪。快樂的時候，全世界彷彿都參與了我們的喜悅；悲傷的時候，彷彿全世界都拋棄了自己，只剩自己孤軍與惡魔奮戰。然而，人生的旅程原本就是一條變化多端的道路，你永遠不會知道下一刻即將會發生什麼。事情來來去去，而我們始終置身其中，在當中學習人生的智慧。

有些人的人生之路比起一般人來得坎坷難行。以眞人實事改編的日本連續劇《阿信》一劇，女主角所經歷的就是一段段艱辛的路程，然而她秉持著一貫堅忍樂觀的信念，在不斷地挫折中，並不怨天尤人地放棄自己的生命，反而實際地面對當時的課題，終將自己的人生灑上繽紛的色彩。

集結了十五位童年曾遭受性虐待的女人治療檔案的《勇氣可嘉的女人》一書中，一位飽受童年經驗之苦、化名為姬哲勒的女性，在走入艱辛的治療過程後，仍然堅定地說出：「無論我身在何地，我都相信正是我需要存在之所，只要我竭盡所能，全然活在當下，就等於邁入了下一步驟。」

在生命的終點面臨死亡時，回過頭來審視自己的人生，每個人走出的旅程都是獨一無二的，沒有任何一個人能夠和你擁有一樣的人生。每個人在自己的生命旅程裡所遭遇到的事情，也都是獨一無二的，只有你自己才知道那些事情的發生究竟爲你帶來了什麼。下次當你又走入了人生的幽谷時，別急著走出來，看看谷底的風光，也許，問問自己：「這次，我要學到的是什麼？」

…………

羅曼羅蘭：人類絕不可能回到過去，只能繼續向前，回頭是無用的。

…………

盡其心者，知其性也，知其性則知天矣。
〈盡心上〉

能夠將心裡的善念實際去施行，就是眞正懂得了人性；眞正懂得了人的本性，也就懂得天命了。

明代儒家的代表人物王陽明有一句大家耳熟能詳的名言——知行合一。雖然就像是口號一般地在我們成長過程中不斷地被播放，然而，眞正能夠了解的人卻寥寥無幾。因爲「知行合一」這句話絕對不是一句知識性的口號，而是一個人必須用他的生命去踐行的眞理。

我記得有一次家門外來了一隻小黑狗，瘦伶伶的身子不斷地顫抖，嘴裡不時發出嗚嗚的哀鳴，見了人就猛搖尾巴，一副可憐兮兮的模樣。那時，我正苦苦思索所謂「責任」的道理，好不容易得出了一個結論：與其事後不能對人、事、物負起責任，不如從來就不要去與那些人、事、物有所牽涉。

那個時候，我看著小黑狗可憐的模樣，斟酌著家裡並沒有養狗的條件，一旦開始餵食牠卻又不能畜養牠，到了最終還是不能對牠負責任。所以，我狠下心進了屋子，卻和姊姊兩個人用言語討論著對小黑狗的憐憫。後來，住隔壁的堂哥一見到這隻小狗，二話不說馬上回家拿飯來餵牠。讓我驚訝的是，小黑狗吃飽了，滿足地搖搖尾巴後，馬上就離去了。我一個人站在漆黑的夜裡，突然一陣羞愧來襲，竟不知如何面對自己當時的冷酷了。

我想起《西藏生死書》裡的一句話：「如果慈悲不付諸行動，就不是眞正的慈悲。」當我們甚至連心中眞實感受到的情感都能夠用一些藉口來忽視不做時，怎能有機會眞正去看到自己的心呢？孟子告訴我們，當一個人眞的能夠把內心的「仁」化做行動，就是懂得了人性，而一個懂得了內心那股強大力量的人，自然也就懂得了天地間那無所不覆、無所不承的大愛了。

…………

里爾克：如果你覺得自己的日常生活很貧乏，不要去指責生活，而應該指責你自己。

…………

莫非命也，順受其正；是故知命者，不立乎巖牆之下。〈盡心上〉

人世間的吉凶禍福沒有一樣不受命運決定，要順應接受它的正命；所以一個懂得命運的人，不會去站在已經傾斜即將崩塌的危牆下。

都說是「月有陰晴圓缺，人有旦夕禍福」。一個人活在世上，能夠遵循著自己內在的紀律，安份守己地與自己所愛的人互相陪伴，經營屬於自己的人生，就是一件了不起的事。然而，福禍無門，有些事情並不是人力能夠操控，超出了人力的範圍，就只能順受。

生活在臺灣這塊土地的人們，尤其是中南部的人，一定還記得「九二一大地震」發生時的慘況。在事先毫無預兆的情況下，一陣驚心動魄的地動天搖將許多人從夢中震醒，來得及逃到戶外的人，在寒風中抖擻著，不敢置信眼前大地怒吼的狂暴，而那些來不及逃跑的罹難者，甚至無法看到第二天的太陽。許多人的人生，已被那一夜改寫。

經過了那些片刻，我們這些存活下來的人，才眞正懂得能夠呼吸的幸福。

災後的重建是一項艱巨的工程，然而，臺灣人秉持著一份堅忍韌性，一塊塊地疊出災後重生的美麗。就因爲透過了這麼多人自覺的努力，我們勇敢地面對了突來變故帶來的傷痛，人與人之間的距離逐漸拉近。許多人更因此回頭反思生命的價值，將這道猙獰的傷口轉化爲祝福。

吉凶禍福除卻了人爲因素外都是天命，我們生活在這個世界，唯一不變的眞理就是不斷地改變。因此，如何面對這些改變，將這些改變轉化爲我們生命的智慧，就是最大的課題。當我們知道了這個道理後，自然也懂得了珍惜自己寶貴的生命，對於那些明知會危害自己的事情，也就理所當然會遠離。

…………

愛迪生：只有在我知道一切做不好的方法以後，我才知道做好一件工作的方法是什麼。

…………

盡其道而死者，正命也；桎梏死者，非正命也。〈盡心上〉

為了心中的眞理盡力而死的，就是承受正命；犯了罪受刑而死的，就不是承受正命。

著名的民族英雄文天祥，在南宋被元軍滅亡後，致力於抗元復宋的事業，領兵抵抗蒙古人的軍隊，無奈實力懸殊太過，兵敗被虜。不願成為亡國之奴的文天祥服毒自殺未遂後，被元人拘禁嚴加看管。元將張弘範要他寫信招降張世傑，他將自己寫的〈過零丁洋〉一詩抄錄給張弘範看。張弘範讀到「人生自古誰無死，留取丹心照汗青」兩句時深受感動，就不再強逼文天祥了。

雖然求才若渴的元世祖幾度派遣使者，甚至以親情相逼想要勸降文天祥，文天祥卻堅決要以身殉國不願投降。元世祖無奈，最後還是下令處死文天祥。當文天祥被押解到刑場時，問明方位後向南方跪拜，說：「我的責任結束了，心中沒有愧疚了！」然後引頸就刑，從容赴義。死後人們在他的衣帶中發現一首贊：「孔曰成仁，孟云取義，唯其義盡，所以仁至。讀聖賢書，所學何事？而今而後，庶幾無愧。」

文天祥死時，年僅四十七歲。文人代代相傳的孔孟精神，文天祥就是這樣用他的鮮血來證明。他生爲南宋末年的臣子，秉持著爲國盡忠的精神，明知時勢已不可爲，還是堅持自己應該擔負的責任；一旦眞的成爲敵國的俘虜，也堅持遵行心中的眞理，接受自己失敗的事實。對他來說，所有應盡的義都盡了，心中一片祥和，再也沒有任何的罣礙，因此連死都不害怕了。孟子所謂的「正命也」，說的就是像文天祥這種偉大的精神。

對孟子來說，死有正命與非正命之分。努力地遵循內心的眞理卻仍難逃一死，這是機運與天命。如果是自身泯滅了人性，作姦犯科無所不爲而致難逃天理法網，受刑罰而死，就是自己招來的下場而不是天意了。所謂「自作孽不可活」，說的就是這個道理。

…………

盧梭：他始終是按照他自己的思想而不是按照別人的思想進行活動的，所以他能不斷地把身體和頭腦的作用結合起來；他的身體愈健壯，他就變得愈加聰明和愈有見識。

…………

萬物皆備於我矣。反身而誠，樂莫大焉！強恕而行，求仁莫近焉！〈盡心上〉

萬事萬物我本身都已經具備了。凡事反過頭來問自己而覺得誠實無虛，就會得到莫大的喜悅！依循推己及人的恕道而作爲，距離仁德就再近也不過了！

在這個個人意識抬頭的民主時代裡，我們經常思考著如何達到眞正的平等。其中兩性平等、關懷弱勢團體、健全社會福利……等，都是現階段讓許多人懷抱著理想致力推動的目標。然而，除了外在環境平等的推行外，早在一個人來到世上時，就有一些永恆不會改變的平等存在。也許在人生的旅程裡，每個人身處的環境千奇百變，然而在一些根本的事情上，所有人都是一樣的。每個人的一天都是二十四小時；每個人的人生都由生、老、病、死寫就；每個人面對外在環境的衝擊時，都有自由意志來選擇自己出場的姿態。因此，就某層意義而言，所有人都是平等的，每個人都是一個完整的宇宙。

人來到這個世上的起點是相同的，因爲選擇如何看待自己，選擇如何修養自己，提昇生命向度的起點都是一樣的。孟子告訴我們，萬事萬物我們都已經具備了，衡量一切事物的標準就在我們自己的裡面。在決定事情時，只要眞誠地回過頭問自己，眞的傾聽自己內在的聲音，問問自己爲什麼要做這樣的決定？這樣的決定導致的後果是自己樂見的嗎？如果你聽到內心喜悅的回答，不要懷疑，那就是事情最佳的處理方式了。

當我們愈來愈懂得自己的行爲，愈來愈了解自己的情緒時，和別人相處也才能夠有更眞誠、更感同身受的親密接觸。因爲，會讓我感覺難受的情境，別人也一樣會痛苦；會讓我得到支持的力量，別人也同樣會感到安慰。每個人都需要被關懷，每個人都有同樣的需要。只有當我們眞懂得了愛自己，才能夠眞正地去愛經過我們生命中的每一個別人。

…………

高爾基：人的一生就如同下棋一樣，每一顆棋子都有自己的走法，如果沒有這個規律，棋也就下不成了。

…………

人之所不學而能者，其良能也；所不慮而知者，其良知也。〈盡心上〉

一個人不用經由學習就擁有的能力，就是所謂的良能；不用經由思考就能夠知道的，就是所謂的良知。

在科技愈發達的社會，知識愈是高度的發展，直覺與情感則愈被認爲是弱者的象徵。但是，當一個人出生時，只具備了本能的情感與直覺，知識是後天接受教育學習得來的，而伴隨著思維取向的邏輯化，功利色彩也就微妙地消融入人與人之間複雜萬分的關係中。眞實與虛假隱藏在幻化成一片的迷離中，似乎再也沒有所謂的眞實。

電影《親親小媽》中，蘇珊沙蘭登飾演的賈姬在婚姻失敗的痛苦中泅泳，看著由茱麗亞羅勃茲所飾演的丈夫新情人——年輕有名氣的攝影師伊莎貝，內心百味雜陳。不斷品嚐著自己失敗的賈姬，終於在伊莎貝讓孩子走失的過錯後爆發，毫無掩飾地在小孩面前不客氣地批評伊莎貝。而小男孩就在這時說了一句經典的對白：「如果妳要我恨她，我會照做。」鏡頭前的賈姬被驚醒了。她意識到，一個母親可以這樣無意識地操縱小孩天眞無邪的信任與感情。

影片繼續播放，兩個女人爲了在小孩心中取得地位而不斷地爭鬥，最後終於願意坐下來誠懇地交心。罹患癌症的賈姬害怕女兒長大臨嫁會忘記自己的存在，而小媽伊莎貝則擔心當她幫前妻的女兒蓋上頭紗時，女兒心中想的卻是親生的媽媽。兩個女人坦誠了自己的恐懼後，才發現自己都是以愛之名對無辜的孩子索取愛。兩人相視一笑後，賈姬說：「她可以不用選擇，她可以接受我們兩個人所有的愛。」

這一幕讓我想到了過去那個對走失小孩的判案。故事中的法官，將孩子判給不願因搶奪而傷害小孩的生母。我想，就是這樣無私且出於本能的情感，才是眞實的愛吧！

…………

尼克松：力量本身是中性的，可以用來做好事，也可以用來做壞事。

…………

君子有三樂，而王天下不與存焉！〈盡心上〉

一個君子有三件樂事，而治理天下不包括在內！

一個人活在世界上，到底要追求或實現什麼呢？對一個人來說，最高層次的需求就是「自我實現」。在孟子那個時代，由於政局的紛亂，百姓們只能無辜地成爲受苦的羔羊。那些接受教育、具有使命感的知識份子，出於慈悲的同時也想證明自己的理想，一個個爲了改善「人」的生活投注了自己的生命，一同書寫下中國歷史裡一場思想史上百花齊放的輝煌。

在這樣的時間背景下，對於一個兢兢業業以天下爲己任、致力於內聖外王修養工夫的儒者來說，能夠有機會掌握政治的實權，讓自己的理念落實在眞實的世界就是一種難得的自我實現吧？能夠達成自己最遠大的目標，應該就是最讓人欣悅的事吧？但，人生的目的眞的就是這樣恓恓惶惶、一路過關斬將，只爲求取那個遠大的志向嗎？孟子告訴我們：「一個君子有三件樂事，而治理天下不包括在內！」那麼，對孟子來說，什麼才是一個君子的「樂事」呢？

孟子以爲，不要捨近求遠，和自己的生命切身相關的三件事才是喜悅的來源——家庭中父母健在，兄弟無災禍；自身行事正直，不愧於天地，也不心虛於人；再則能夠得到天下間優秀的人才來培育教化，將自己的理想與使命感的薪火順利地傳遞。能夠達成這三件與自己切身相關的事情，就得到了生命中喜悅的泉源。

即使時代走入了看似瞬息萬變的現代，身爲一個人，在生命的旅程裡可能遭遇的基本問題還是一樣。近年來，歐美等開發國家的人們在飽受現代科技帶來的緊湊忙碌的生活與人際疏離的痛苦後，許多人開始反省生命的意義。一個人的生命中，最重要的事情到底是什麼？在他們不斷地反思下，得到了孟子在兩千多年前提出的答案——家人、自我成長與生命智慧的延續。

…………

居里夫人：願你們每天愉快地生活，不要等到日子過去了才找出它們的可愛之點，也不要把所有的希望都放在未來。

…………

居仁由義，大人之事備矣！〈盡心上〉

將心安住在仁，行事由義出發，實現偉大志向者的事業就具備了！

我在朋友寄來的一封e-mail上，讀到了「創世基金會」的創辦人曹慶先生的故事。

民國六十九年曹慶從臺糖退休後，認爲自己已經完成了人生的責任，剩餘的歲月他決定要用來奉獻給社會。在評估過社會上弱勢的邊緣族群後，曹慶決定成立一個專爲植物人設立的機構。就這樣，他帶著全部的退休金「全省走透透」去找尋贊助者與需要被援助的植物人。然而當時除了他，植物人安養的問題還沒有得到社會大眾的重視與支持。在募款的同時，曹慶曾經無數次地被當成是騙子或瘋子，從許多大人物的辦公室裡被趕出來。人們大部份認爲曹慶的理想太崇高，根本不是他的能力所能夠實現的。因此，財團與政要沒有人願意提供贊助給曹慶。

走到了窮途末路時，曹慶一度瀕臨崩潰，他感嘆並痛哭現實社會的冷漠。沮喪過後，他想起「兩個和尚」的故事，決定要成爲那個一無所有的窮和尚，在最困苦的物質環境下實現他的這一份愛和關懷，爲那些被社會遺忘的植物人而努力。

終於，在民國七十五年十一月，臺北成立的第一所植物人安養院住進了首位植物人林麗美小姐，安養工作就在早期沒有任何設施的創世裡漸漸步入了軌道。接著，曹慶開始關心起街頭無家可歸的流浪漢。民國八十年的除夕夜，創世自製便當，在寒冬中散發出暖意，讓飢餓的遊民有餐像樣的年夜飯。就這樣，曹慶不斷地將他的關懷放大，從最早期的植物人安養到遊民的照顧，近年來，更開始開辦照顧失智老人的事業……無數的家庭與人生，就因著曹先生的這份堅持而改寫了。

我看著電腦螢幕上密密麻麻的記錄，感覺到內心一股源源不竭的感動，雖然曹先生一路走來艱辛萬分，卻用他的生命印證了孟子所說的「居仁由義，大人之事備矣」。而我能夠做的就是按下轉寄鍵，讓這份感動繼續去溫暖那些與我的生命曾經交集的朋友。

…………

歌德：只有在對旁人的善意感到高興的時候，我們才是眞正地活著。

…………

仁也者，人也。合而言之，道也。〈盡心下〉

仁，就是人之所以爲人的道理。仁與人合起來講，就是道。

朱熹解釋孟子的這句話認爲：「仁」就是人之所以成爲一個人的道理。然而，仁是抽象的道理，而人是具體的存在體，以這個具體存在的肉身去實現「仁」這個抽象的道理，就是孟子所謂的「道」。

眞理是無法表述只能體現的。因此，「以身證道」就是眞理唯一的表述，要證明眞理就要認清自己，走入自己的內心世界，眞實地接受自己當下的樣貌。

走入內在的過程，就是一趟自我發現的旅程。

我們的教育所教導的是古人在他們的生命中跌跌撞撞、嘔心瀝血後的智慧結晶。當這些因爲眞正去經歷而提煉得來的智慧在我們成長過程裡不斷地被重複播放後，就被我們理所當然地據爲所有，成爲衡量自己行事的度尺。然而，在我們眞正開始體會人生後，才了解到古人那些美麗又智慧的話語都是經過浴火的重生，中間那段理智與情慾的掙扎與人性扭曲的現實面，已被達成的超越視野泯滅了。

而當我們還在過程中擺盪時，只能憑靠著不斷地自我觀照來拼湊出自己所在的位置。在這樣的過程裡，不斷地回頭問自己就是最好的行事指標。

孟子說「反求諸己」、「萬物皆備於我矣」，只有不斷地在人生各階段的情境挑戰下，一個人才有機會發現自己眞實的面目，先聖先賢們訴說的眞理，也必須在個人生命中不斷地被質疑與內化。只有親身經歷的深刻，才會眞正銘刻在心底。當那些憤怒、憎恨與嫉妒在你的外圍層層地剝落，當你發現生命的核心只有「愛」，那時，你就走在孟子的「道」裡了。

…………

盧梭：生活得最有意義的人，並不是年歲活得最大的人，而是對生活最有感受的人。

…………

人皆有所不忍，達之於其所忍，仁也；人皆有所不為，達之於其所為，義也。

〈盡心下〉

人都有一些不忍心去做的事，只要把這種不忍的心擴展到忍心去做的事，就是仁。人都有不肯去做的事，只要把這種不肯做的心擴展到所做的事上，就是義。

有一個故事說古波斯的一個國王出外去狩獵，在一座農莊休息時，遇見一個平民女子。國王命令她取洗腳水，女子立刻去井邊取水。國王洗了腳，接觸著微溫的水，感覺很舒服。國王接著想洗臉，再度命令女子去取水，女子立刻取來水，這次的水稍涼，洗起臉來很清爽。最後國王口渴了，再度要女子去取水，女子取來的水冰冰涼涼的，國王一飲而盡，感覺無比地暢快。

這時，國王滿心歡喜與好奇地問這個取水的女孩：「怎麼妳三次拿來的水溫度都不一樣？」這名平民女孩說：「您要洗腳時，我取了陽光能照射到的表層井水，比較溫暖；您要洗臉時，我提了井裡中層稍涼的水；而您要喝的水是要潤喉的，我就打了井裡最底層最冰涼的水！」

雖然故事的結局不脫波斯王被這個平民女孩的細心與關懷打動，進而將她冊立爲王妃的勸善意味。然而，故事的背後眞正要說明的，其實是人與人之間相處的眞心。井裡的水表層、中層、下層的水溫皆不相同，只要稍微具備常識，每個人都能知道，但是除非你有「用心」，帶著一顆「關懷別人的心」推己及人、將心比心地去爲人設想，否則就沒有這種「打水的智慧」。孔子說「己欲立而立人，己欲達而達人」，推己及人的思想就是儒者最基礎、最終極的關懷。

…………

巴爾扎克：世界上有些幸福你早已不信會實現的了；眞實現的時候，簡直像霹靂一般會傷害你的身心。

…………

國家圖書館出版品預行編目資料

仁者無敵 · 孟子 / 江佩珍、陳籽伶編著 .
—— 二版 . ——臺中市 ：好讀 , 2014.02
面： 公分，——（名言集 ; 04）

ISBN 978-986-178-312-3（平裝）

121.26 102025893

好讀出版

名言集 04

仁者無敵 · 孟子

作　　者／江佩珍、陳籽伶
總 編 輯／鄧茵茵
文字編輯／葉孟慈、游雅筑、莊銘桓
美術編輯／鄭年亨
發 行 所／好讀出版有限公司
臺中市 407 西屯區何厝里 19 鄰大有街 13 號
TEL:04-23157795 FAX:04-23144188
http://howdo.morningstar.com.tw
（如對本書編輯或內容有意見，請來電或上網告訴我們）
法律顧問／甘龍強律師

戶名：知己圖書股份有限公司
劃撥專線：15060393
服務專線：04-23595819 轉 230
傳眞專線：04-23597123
E-mail：service@morningstar.com.tw
如需詳細出版書目、訂書、歡迎洽詢
晨星網路書店 http://www.morningstar.com.tw

印刷／上好印刷股份有限公司 TEL:04-23150280
二版／西元 2014 年 02 月 15 日
定價：250 元
如有破損或裝訂錯誤，請寄回臺中市 407 工業區 30 路 1 號更換（好讀倉儲部收）

Published by How Do Publishing Co., LTD.
2014 Printed in Taiwan
ISBN 978-986-178-312-3

讀者回函

只要寄回本回函，就能不定時收到晨星出版集團最新電子報及相關優惠活動訊息，並有機會參加抽獎，獲得贈書。因此有電子信箱的讀者，千萬別吝於寫上你的信箱地址

書名：仁者無敵 · 孟子

姓名：＿＿＿＿＿＿＿ **性別：**□男□女　**生日：**＿＿年＿＿月＿＿日

教育程度：＿＿＿＿＿＿＿＿＿＿＿＿＿＿

職業：□學生 □教師 □一般職員 □企業主管

□家庭主婦 □自由業 □醫護 □軍警 □其他＿＿＿＿＿＿＿＿

電子郵件信箱（e-mail）：＿＿＿＿＿＿＿＿＿＿**電話：**＿＿＿＿＿＿＿

聯絡地址：□□□＿＿＿＿＿＿＿＿＿＿＿＿＿＿＿＿＿＿＿＿＿＿

你怎麼發現這本書的？

□書店 □網路書店（哪一個？）＿＿＿＿＿＿＿＿ □朋友推薦 □學校選書

□報章雜誌報導 □其他＿＿＿＿＿＿＿＿＿＿＿＿＿＿＿＿＿＿＿＿

買這本書的原因是：＿＿＿＿＿＿＿＿＿＿＿＿＿＿＿＿＿＿＿＿

□內容題材深得我心 □價格便宜 □封面與內頁設計很優 □其他＿＿＿＿＿＿

你對這本書還有其他意見嗎？請通通告訴我們：

＿＿＿＿＿＿＿＿＿＿＿＿＿＿＿＿＿＿＿＿＿＿＿＿＿＿＿＿＿＿＿

你買過幾本好讀的書？（不包括現在這一本）

□沒買過 □ 1 ～ 5 本 □ 6 ～ 10 本 □ 11 ～ 20 本 □太多了

你希望能如何得到更多好讀的出版訊息？

□常寄電子報 □網站常常更新 □常在報章雜誌上看到好讀新書消息

□我有更棒的想法＿＿＿＿＿＿＿＿＿＿＿＿＿＿＿＿＿＿＿＿＿＿＿

最後請推薦五個閱讀同好的姓名與 E-mail，讓他們也能收到好讀的近期書訊：

1.＿＿＿＿＿＿＿＿＿＿＿＿＿＿＿＿＿＿＿＿＿＿＿＿＿＿＿＿＿＿

2.＿＿＿＿＿＿＿＿＿＿＿＿＿＿＿＿＿＿＿＿＿＿＿＿＿＿＿＿＿＿

3.＿＿＿＿＿＿＿＿＿＿＿＿＿＿＿＿＿＿＿＿＿＿＿＿＿＿＿＿＿＿

4.＿＿＿＿＿＿＿＿＿＿＿＿＿＿＿＿＿＿＿＿＿＿＿＿＿＿＿＿＿＿

5.＿＿＿＿＿＿＿＿＿＿＿＿＿＿＿＿＿＿＿＿＿＿＿＿＿＿＿＿＿＿

我們確實接收到你對好讀的心意了，再次感謝你抽空填寫這份回函

請有空時上網或來信與我們交換意見，好讀出版有限公司編輯部同仁感謝你！

好讀的部落格：http://howdo.morningstar.com.tw/

請填妥後對折黏貼，直接投郵即可，無須貼郵票。

廣告回函
臺灣中區郵政管理局
登記證第 3877 號
免貼郵票

好讀出版有限公司　編輯部收

407 臺中市西屯區何厝里大有街 13 號
電話：04-23157795-6　傳眞：04-23144188

沿虛線對折

購買好讀出版書籍的方法：

一、先請你上晨星網路書店http://www.morningstar.com.tw檢索書目或直接在網上購買

二、以郵政劃撥購書：帳號15060393 戶名：知己圖書股份有限公司並在通信欄中註明你想買的書名與數量

三、大量訂購者可直接以客服專線洽詢，有專人爲您服務：客服專線：04-23595819轉230 傳眞：04-23597123

四、客服信箱：service@morningstar.com.tw